怒らない技術

嶋津良智著
Yoshinori Shimazu

Forest
2545
Shinsyo

プロローグ

心と感情が人生を変える！

人生を良い方向に導くには？

本書を手にとっていただき、ありがとうございます。

もしかすると、あなたは
「なんかイライラするなあ」

「すぐ怒ってしまう」

「今日も少しイラっとしてしまった」

…などと思ったことがあるかもしれません。

あなたが、どんなきっかけで本書を手にとったとしても、本書を読み終える頃には、きっと**「読んで良かった」**と思ってもらえるように書きました。

なぜなら、本書には**確実にあなたの人生を良い方向に導く方法**が書いてあるからです。

あなたは、

「そんな方法はあるわけない！」

と思ったかもしれません。

しかし、**簡単に今すぐできること**があるのです。

それは、

「心を変える」

という方法です。


「なぜ、心を変えれば、人生は変わるのか？」を話す前に、なぜ私が本書を書くことになったのかを、少しお話しします。

私は自ら独立・起業し会社を株式上場にまで導き、ビジネスマンとしてもそれなりの成果を上げてきました。また、これらの経験を活かして、現在では後進の育成のために教育事業を行っています。

そこで、多くの人たちと接する中で、

「本当にみんな素晴らしいものを持っているのに、活かしきれていないなあ」

と感じることが多くあります。

ですから、私は本書を通じて、多くの方に「きっかけ」をつかんでほしいと思い、「心」や「感情」をコントロールすることの重要性と簡単な方法を伝えたいと思っています。私自身も、このことに気づいてから、人生が大きく変わってきたからです。

「心」を変えれば、人生は変わる！

「心を変える」というのはどういうことかというと、「出来事や物事の受け取り方を変える」「考え方を変える」という意味です。

たとえば、営業マンを想像してみましょう。

雨の日は、多くの営業マンが、

「雨がふって面倒だなあ。イヤだなあ」

と考えて、外回りをしない人が多いでしょう。

しかし、できる営業マンは、

「よし、多くの営業マンが外回りをしていないので、競合が少なくてチャンスだ。しかも、雨の中、お客さまのところに行けば、好感も持たれやすい」

と考えて、成果を次々に出していくものです（私も営業出身なのでよくわかります）。

このように、同じ出来事（この場合は雨がふったこと）でも、「受け取り方」「考え方」の違いで結果は大きく変わってくるのが人生なのです。

そう、「心」や「感情」をコントロールできれば、人生はコントロールできるのです。

「心」を変えれば、過去も変わる！

さらに、重要なのが、「受け取り方」「考え方」を変えれば、過去だって変えられるということです。

「過去なんて変えられるわけないいじゃないか」

と、多くの人が思うはずです。

でも、少し考えてください。

もしも、あなたが失恋したとしても、

「あの人と別れなければ、人生が変わっていたのに」と思うか、「別れて良かった。もっと良い人に出会って、良い人生になりそう」と思えるかで、人生は全然違ったものになるはずです。正確に言えば、「受け取り方」「考え方」を変えれば、**「悪い出来事」も「良い出来事」に変わる**ということです。

まずは、「怒らない」ことからはじめよう！

そこで、私が勧めているのは、

「怒らない」

という方法です。

実は、私は「怒らない」と決めてから、人生が次々に良い方向に進みはじめました。成功の波に乗ることができたと言っていいでしょう。

二八歳の時に独立・起業し、代表取締役社長に就任しました。

翌年、縁あって知り合った二人の経営者と、業界初のフランチャイズ事業をスタートさせました。そして二〇〇四年、創業以来一つの目標であった株式上場を果たしました。実質五年で年商五二億円の会社に育て上げました。

現在は転身し、かねてよりの夢であった教育事業をスタートさせ、後進の育成に努めています。

また、もう一つの夢であった海外生活も実現させることができました。**シンガポール**の会社の経営をお手伝いすることをきっかけに、リーダーズアカデミーシンガポール校も開校できたのです。

こうした成功は、すべて「怒らない」ことからはじまっています。

ですから、「受け取り方」「考え方」を変える第一歩として、「怒らない」ことを勧めているのです。

「怒らない」という習慣を身につければ、「心」や「感情」のコントロールができるようになるのです。

実は、私も怒ってばかりいました！

しかし、私はもともと超短気な性格で、かつては「怒り」でマネジメントしていたこともありました。

私は大学を卒業して営業会社に勤めました。

入社した頃から営業成績が良く、二四歳でマネジャーになりました。マネジャーになって三ヶ月後、全国で売上を競うコンクールが開催されました。そこでなんと、私の部門は全国一位に輝いたのです。

私は自信を持ち、「オレの言う通りにしていれば間違いない」と、さらに業績を上げようと躍起《やっき》になっていました。ところが、しばらくすると業績は落ちていきました。そこそこのレベルは保っていましたが、一位をとるような部門ではなくなりました。

業績が下がった理由はマネジメント手法にありました。

そのとき私がやっていたのは、「ＫＫＤマネジメント」でした。ＫＫＤとは、頭文字をとった私の造語で、「恐怖」、「脅迫」、「ドツキ」によるマネジメントです。

部下を小突く。部下に向かってホワイトボード用のマーカーを投げつける。ゴミ箱を蹴っ飛ばす。朝から晩まで恐怖、脅迫、ドツキを繰り返します。

なにより私はもともとひどく短気な人間でした。子どもの頃から、何かあるとすぐに「ふざけるな」「馬鹿やろう」とカッとなっていました。

いまから思うと、それはビビリで、小心者であるがゆえでした。

「怒る大人たち」が増えている！

さらに、世の中には「怒り」が蔓延《まんえん》しているようです。

実際、「犯罪白書」という警察庁の統計の平成二十年版によると、暴行の検挙人員及びその人口比については近年、十代は減少・低下傾向にあるが、二十代以上の増加・上昇傾向が著しく、特に、高齢になるほど増加率・上昇率が高い傾向が見られるのです。

たしかに、職場環境や生活環境が原因でストレスが溜まっているのかもしれません。

でも、そこに「怒らない」という選択肢はなかったのでしょうか？

これまで怒ってしまった場面を思い出してください。

考えてみると、すべての場面に、「怒る」という選択肢と、「怒らない」という選択肢があったはずです。

そして、自分で「怒る」ことを選んだために、怒ったのです。

それは一瞬の判断だったかもしれません。〇・〇〇〇一秒くらいのわずかな時間のうちに、脳が判断したのかもしれません。

それでも、あなたが怒ることを選んだのはまぎれもない事実なのです。

つまり、あなたは「怒らない」という選択もできるのです。

（これが、「心」や「感情」をコントロールすることです）

「怒らない」ことを決めるだけで、良いチャンス、良い出会い、良い情報、良い仕事、健康……など、あらゆるものが手に入るようになるのです。

もしも、あなたが人に道を聞くとき、「ニコニコしている人」と「怒っている人」の

どちらに声をかけますか？

当然、「ニコニコしている人」ですよね。誰もが「ニコニコしている人」には話しかけやすいと感じるわけですから、いろいろな良い話だって入ってくるのです。

第1章では、シンプルだけど効果がある**「人生をうまくいかせるための三つのルール」**を紹介します。

第2章では、**「人の感情とは、どういうものなのか？」**を説明します。まずは、あなたの中に湧《わ》きあがる感情の性質を理解しましょう。

第3章では、**『心』や『感情』をコントロールすることの重要性**」を説明します。さらに、**コントロールすることが簡単なことがわかるはずです。**

第4章では、**「『イライラ』を感じなくなる習慣」**を紹介します。この章で紹介する習慣を**一つでも実践すれば、人生は良い方向に流れる**はずです。

第5章では、**「自分を気持ちよくする習慣」**を紹介します。この章の中の習慣を一つでも実践することで、**あなたは自分自身を認めることができるようになり、自信が持て**

るようになります。

第6章では、**「それでも『イライラ』してしまうときの特効薬」**を紹介します。人間は弱い生き物ですから、どうしてもカッとなってしまうときの対処法です。これを知っておくだけでも、**人生の無駄はなくなる**はずです。

本書があなたの人生のお役に立てれば幸いです。

二〇一〇年七月　嶋津良智

PART1 怒らない技術

第1章 人生をうまくいかせるための「3つのルール」

第2章 「あなたの感情」はあなた自身が決めている!

第3章 感情コントロールは人生コントロール

CONTENTS

PART2

怒り・イライラと無縁になる25の習慣

第4章 「イライラ」を感じなくなる習慣

第5章

自分を気持ちよくする習慣

第6章 今すぐ怒り・イライラが消える11の特効薬

PART1
怒らない技術

第1章

人生をうまくいかせるための「3つのルール」

もっともシンプルな成功法則

あなたは人生に「三つのルール」があるということを知っていますか?
このルールは人生のプレーヤー全員に共通しているものです。
まずは、そのことについてお話ししていきましょう。
「三つのルール」とは、

●命と時間を大切にする!

- 人生は思い通りにいかない！
- 苦悩と喜びはパッケージ

というものです。
一つずつ詳しくみていきます。

命と時間を大切にする！

世の中で、もっともシンプルな成功法則を知っていますか？
世界中には、さまざまな人種や民族がいます。いろいろな国に住んでいる人がいます。当然、暮らしている環境は違うでしょう。そのほかにも男女の違い、能力の違いがあります。

それでも、万人に共通して与えられているものがたった二つだけあるのです。何だかわかりますか？

一つは命です。そして、もう一つは時間です。一日二四時間という時間です。

この二つはどんな人にも平等に与えられているもので、人生でいちばんシンプルな成功哲学とは、命と時間を大切にすることです。

つまり、

命と時間を大切にすると人生は成功する

これが一つ目のルールです。

命とは健康という意味もあるでしょう。また、広い意味では時間と同義なのかもしれません。人間にとって命とは約八〇年（平均寿命）の時間であると言えます。もっと短い人もいますし、もっと長い人もいます。

命が、たった八〇年の時間だとすれば、たとえ一秒たりとも、無駄にはできません。一秒でも時間を無駄にするということは、命を無駄にするということに等しいことだからです。

ところが、命と時間を浪費する行為があるのです。

それが「怒り」という行為です。

怒っても結果は同じ!

この間、スポーツクラブでこんな事件がありました。

Aさんがランニングマシンを使っていました。そのマシンをAさんがトイレに行っている間にBさんに奪われてしまいました。Aさんのマシンはいちばん端っこだったので使いやすかったのでしょう。そのマシンをキープするという意味で、自分の荷物をそこに置いてその場を離れたようです。

あとからやって来たBさんは、置いてあった荷物を横の空いているランニングマシンに載せ、そのランニングマシンを使い始めました。

やがてAさんが戻って来ました。

「すみません。ここに荷物ありませんでした?」

「向こうに移動しました」

「でも、このマシンは私が使っていたんですけど」

するとBさんは無視しはじめたのです。

「聞こえているんですか。ここは私が使っていたんですけど」

Bさんは無視し続けています。

「あなたね、ここは私が使っていたと言っているのに、聞こえないんですか」

Bさんはそれでも無視しています。するとAさんは自分の荷物を元のランニングマシンの上にバンと置き、

「ここは私が使っていたんだからどいてください。聞こえているんですか、どいてください」

そのうちに大もめになって、ごちゃごちゃ言い合いをしていましたが、結局、奪ったBさんが別のランニングマシンを使い、Aさんは元のランニングマシンを使いはじめました。

私は、その様子を見ながらこんなことを考えていました。

ランニングマシンを奪われたAさんは、元のランニングマシンを使っても、移動させられてしまったランニングマシンを使っても、得られる成果は変わらなかったはずです。でも、自分の使っていたマシンを奪われたことに腹を立て、ケンカになってしまった。

私がAさんだったらどうしたでしょうか。

もちろん不愉快には思うでしょう。だからといってBさんともめることが、**自分にとって得なのか、何かメリットがあるのか**と考えます。するといいことは何もないと気づくはずです。

それにどちらのランニングマシンを使っても、その日に得られる成果が変わるわけではありません。それなら、「ああ、この人はこういう失礼なことをする人なんだ」とわりきって、別のランニングマシンを使うでしょう。

得られる成果が変わらないなら、イライラしたり、怒ったりすることは選びません。

ちょっと我慢して同じ成果が得られるなら、不快にならない選択肢を選んだほうが、結局は、自分のためになります。

怒りやイライラに時間を費やすのは、はっきり言って人生の無駄です。

私は、結果が変わらなければ省エネ思考でと思っています。

いまハイブリッド車がはやっていますが、それと同じように、無駄なところで怒ってエネルギーを無駄使いするのは絶対にイヤです。

成果が変わらないなら、自分の感情も省エネ思考になったほうがいい。自動車と一緒で、使うべきところにエネルギーを使うということです。

すぐ怒る人は早死にする

また、怒りは命を削ります。

免疫学の権威、新潟大学大学院医学部教授であり、『免疫革命』（講談社インターナショナル）などの著書のある安保徹先生は、**「すぐに怒る人には早死にが多い」**と断言しています。

心と体は自律神経系でつながっています。自律神経は交感神経と副交感神経に分かれます。交感神経は「活動する神経」とも言われ、仕事やスポーツをするときに、心臓の拍動や血圧を高める働きをして、緊張状態をつくり、精神活動を活発にします。これに対し副交感神経は「休む神経」と言われ、内臓や器官の働きをリラックスさせ、休息や睡眠をとるときに優位に働きます。

気持ちが高ぶり、筋肉などが緊張して興奮しているときは交感神経が働いています。逆にゆったりしているときには副交感神経が働きます。食べたり飲んだり、睡眠時も副交感神経が働きます。

このバランスがとれていれば健康です。

安保先生は、自律神経と連動して働く免疫システムの仕組みを医学的に明らかにし、免疫力をアップするには、副交感神経が優位に働くリラックスした状態をつくり出すことが大切と言います。

ところが「怒る」などして、強いストレスを受け続けると、胃潰瘍《いかいよう》や高血圧、糖尿

病、不眠、膠原病《こうげんびょう》、ガンなどにつながります。

こう考えると、怒ることは、万人に共通に与えられた「時間と命」を浪費する行為だとわかります。もっともシンプルな成功法則「時間と命を大切に」に反する行為、それが怒ることです。

反対に笑うことは体にいい。安保先生の『免疫革命』の中にこんな記述があります。

「副交感神経を活性化するのにもうひとつ大切なのは、心のもち方です。強くすすめているのは、よく笑うことです。やはり深刻な顔をしているときは、交感神経が緊張状態になります。病気になって落ち込んだり、つらくなるのもわかりますが、治すためには、ぜひニコニコ笑って生活してください。ちょっとしたことでも笑っているとだんだん気分が明るくなるでしょう。そうすると副交感神経も活性化されます。だから大いに笑って生活してください。ガン患者さんは、表情が深刻で、ほとんど笑わない人が多いものです。みんな交感神経が張りつめているのです。ですから、医師としては、治療をはじめて、患者が笑いだしたらしめたもの、と思うくらいです」

無意味な「怒り」は人生の成功を遠ざけます。
反対に怒らなければ人生の成功はグッと近づくのです。

思った通りにいかないのは楽しいこと

次に二つ目のルール「人生は思い通りにいかない」について説明します。思った通りにいかないのが人生なんです。だから、いちいちイライラしたり、怒ったりするのは無駄です。

でも、人生は思い通りにならないから楽しい。そうじゃありませんか？

ゴルフはよく人生にたとえられます。そのホールをどう攻略するか考え、ターゲットに向かってボールを打つ。右に曲がったり、左に曲がったり、思った通り飛ばないこともよくあります。突然風向きが変わり、とんでもない方向へ流されることもあるでしょう。

いろいろな条件が複雑に重なり合うため、人生になぞらえる奥深いスポーツです。

では、ゴルフをはじめて、すぐにうまくなってしまったら、「おもしろいスポーツ」と思えるでしょうか。私はそうは思いません。

ゴルフは難しいから楽しい！

そもそもゴルフとは、どんなスポーツでしょう。

決められたコースを、決められた打数よりなるべく少ない打数であがる。それがゴルフです。

それならば、みんながいい成績をあげられるよう、つまり、いいスコアが出せるように、グリーンまでの距離は短くし、コースはすべて真っ直ぐに、バンカーやクリークや池なんて、全部なくしてしまったらどうでしょう。

きっとそれではとても味気ない。結局は、そうした困難を克服したうえで、自分の求めている成果が得られるのが楽しいのです。

プロゴルファーの丸山茂樹選手は、

「ゴルフは楽しい、でもゴルフは苦しい。この二つがなければゴルフじゃない」

と言っています。

もっとうまくなりたい、この壁を超えたいという場面では苦しみが伴います。しかし、それを乗り越えたときにより大きな喜び、楽しみが待っているのです。

ボウリングもそうです。ボウリングは、数メートル先に並べられた一〇本のピンを、できるだけたくさん倒すゲームです。

だったらガター（レーンの横にある溝）なんて、なくしてしまえばいいじゃないですか。ガターはボウリングの最大の敵。ガターになると、もちろんピンは倒れませんからゼロピンです。スコアは悪くなります。

でも、やっぱりガターがあるから、ボウリングは盛り上がる。

これは人生も同じです。

自分が「こうしたい」「ああしたい」という目的を持っても、神様のいたずらか、難問、関門、困難、苦労といったものが、毎日、目の前にあらわれます。思った通りに物事が進まないと、イライラするでしょう。怒ったり、落ち込んだりもするでしょう。

でも、人生とはそもそも思い通りにいかないものなのです。

そのたびに、いちいち怒ったり、落ち込んだりしていては、時間ばかりが過ぎていきます。そして、怒ったり、落ち込んだりしていても何も生み出すことはできません。

イライラや怒りは、人生において無駄なものなのです。

ビル・ゲイツだって妥協しているはず!

私は、人生は妥協の連続だと思っています。どんなスゴい人でも何かに甘んじ我慢しながら生きています。

たとえば、世界有数の成功者だと言われるビル・ゲイツも、毎日、妥協を繰り返しているでしょう。では、私とビル・ゲイツの違いってなんなのか。そんなことをまじめに考えたことがあります。

いくつかの理由はありますが、私なりの結論は、妥協の数が違うということです。人間は毎日たくさんの妥協をする生き物です。それでも妥協の数は人によって違います。

たとえば、判断することが毎日一〇あるとしたら、ビル・ゲイツの妥協の数は三つ、上場企業の社長は五つ、一般の人は八つ……というように妥協の数が違うのです。一日の妥協の数が三つと八つでは、一年もすると約一八〇〇と大きな差になります。その違いが人生の差としてあらわれているのではないか、と思いました。

妥協は決して悪いことではありません。誰しも妥協しているのです。妥協の連続が人生です。

ただ、妥協を一つでも減らしていくことが大切です。一日に八つ妥協していたら七つにする。七つ妥協していたら六つにする。そう考えると、人生はよりすばらしいものになります。

苦労と失敗の連続のおかげ

人生のルールの三つ目「苦悩と喜びはパッケージ」について説明します。

ビジネスパーソンが、いちばん輝く年齢は、一般的に三〇~四〇代と言われています。では、三〇~四〇代に輝くためにはどうしたらいいでしょうか。

ある人材派遣会社が、三〇~四〇代の活躍しているビジネスパーソンにアンケートをとり、活躍の秘密を探ったことがあります。

いろいろな回答がある中で、一つだけ共通していることがありました。

それは、二〇代のうちに、他の二〇代が体験しないような、とてつもない苦労をしたということです。ものすごい大失敗、ものすごくイヤな思いなど、マイナスの経験をしていました。

そのアンケートを見たときに、私自身も一つ振り返ってみました。

私は大学を卒業し、二二歳のとき、電話やファックス、パソコンなどの情報通信機器を販売する会社の営業マンになりました。上司や先輩に同行したのは、はじめの三日間だけ。四日目からは一人で一軒一軒飛び込みをしてこいと放り出されました。

「大田区の池上二丁目一番地からずっと回ってこい」

どうしていいのか、何を言えばいいのかもわかりません。それでも、じっとしていても何もはじまらないので、意を決して駅前にあった釣り具屋さんに飛び込みました。これが私の営業人生のスタートでした。

はじめて成約したのは、大田区内の自動車部品の会社でした。

当時の私にできることは「対象物件」を探すこと。

年数の経った古い機器を使っている会社を探すのですが、あとはその会社に通い詰めるしかありません。「しつこい」と「熱心」は紙一重だと言われながらも毎日通いました。商品知識もないので、「古いから取り替えましょう」という営業くらいしかできないのですが、そういう会社を見つけたら逃さないぞと必死で食らいつきました。

入社した会社はいわゆるベンチャー企業で、当時急成長していました。全社員で五〇〇名。そのうちの九割が営業マンです。同期は一〇〇名いましたが、上司や先輩といっても年の差はほとんどありません。

入社して半年経つといきなりマネジャーになりました。部下を持ったのです。会社には人材育成や教育体制が確立されていないので、マネジャーが自分の部下の教育をしなければなりません。

しかし、何をどうしていいのかわかりません。それでも上司としての責任を果たすため、本で勉強したりしながら、必死で部下にノルマを達成させてあげようと奮闘しました。数々の失敗を経験しながら、試行錯誤の毎日でした。

苦労した人とそうでない人の違い

就職して一年が経った頃、久しぶりに大学時代の仲間と集まる機会がありました。酒を飲んで、仕事の話になりましたが、どうにも話がかみ合いませんでした。

翌日出社して、同僚に昨晩の違和感を話すと、「オレもいつもそう感じている」と言いました。

あとから考えてみると、それは当たり前でした。

当時はバブル経済絶頂期ということもあり、大企業に入社した新人は、大切に育てられ、一年たっても上司のカバン持ちをしていました。ですが、ベンチャー企業に入社した私たちは、半年後にいきなり部下を持ち、人の人生を背負うようなプレッシャーと戦いながら仕事で結果を出してきたのです。

大企業組とはまったく違う苦労を経験したために、成長することができたのです。そのため大企業組とはビジネスに対する感覚にずれが生まれていたのでしょう。

『中田英寿　誇り』（小松成美著／幻冬舎）に、元サッカー日本代表の中田英寿選手が他の日本代表選手を「今の世代の選手たち」と呼んだという件があります。それに対して、著者の小松さんはこう記しています。

「今の世代の選手たち。私は可笑しくなって少し笑った。中田も他の選手もほとんど歳が違わない。だが、中田の考えは周囲から比べればまるで老成したものだ。セリエAやプレミアリーグで積んだ経験は、中田に状況を俯瞰《ふかん》する客観性と自分を曲げない意志をもたらしていた」

ここでは早くに海外に出て、多くの苦労と経験を積んだ中田選手が、他の日本代表選手に比べて、著しく成長している様子が指摘されています。

三〇歳定年制

スポーツ選手の場合、第一線で活躍する期間は約一〇年くらいでしょう。一般的にビジネスパーソンが活躍する年数を四〇年とすると、時間的には四分の一ですが、その分、密度は濃く、一年が四倍の四年に相当すると考えられます。

中田選手の場合、九八年のワールドカップフランス大会後、活躍が認められ、セリエA・ペルージャに移籍しました。それまで所属していた湘南ベルマーレとの契約を解消して、海外リーグへ行ったので、良い成績を収められず解雇されたとしても、日本のチームに帰ってこられるわけではなく、背水の陣でした。

国内にとどまってJリーグでプレーする選手に比べると、物理的、精神的に環境は過酷です。ですが、そこに身を置くことで、猛スピードで成長していった。その感覚が「今の世代の選手たち」という言葉で表現されたのでしょう。

偶然ですが、私も入社した当時、「うちの会社は三〇歳定年制だから、ほかの会社に勤めているヤツの五倍働くぞ」と同僚たちと冗談半分に言い合ったことがあります。私が勤めていたベンチャー企業の仕事はすさまじく、激務に耐えかねた人が三〇歳前後で辞めていったのでした。そうした中で私は、上場企業に就職した大学の同級生の五倍くらいのスピードで生きている感じがしていました。

成功したビジネスパーソン、中田選手に共通するのは、若き日の苦労によって、後に大きな成果を獲得したということです。

ただ、注意しなくてはいけないのは、苦しんでいるだけではいけないということです。苦しみから脱出するための試行錯誤こそが成長のエネルギーになります。『イチロー頭脳』(児玉光雄著／東邦出版)という本の中に、野球の本場アメリカ大リーグシアトルマリナーズで活躍するイチロー選手のこんな言葉が紹介されています。

「苦しんだから報われると思っていたら大間違いでしょう。同じ苦しむにしても、考えて苦しまないと。なにも考えないでただ苦しんでいても駄目だということですね。こんなに苦しんでいるんだからというところに逃げ込んだら、いつまでも違う自分は現れない。とにかく考えることですよ、無駄なことを。無駄なことを考えて、言葉にしようとしているうちに、なにかがパッと閃《ひらめ》くことがあるんですよ」

結果よりもプロセスが大切

あなたは現在のポジションに満足していますか？

ポジションとは、経済力、能力、人間力、健康、社会的地位などです。

満足している人も、満足していない人も考えてほしいのですが、今のあなたの人生のポジションをつくったのは何でしょうか？

それは、あなたが過去にどんな経験をしてきたかによります。

桜の木は、年に一回、三月終わりから四月のはじめ頃、わずかに一週間ほど美しい花を咲かせ、光り輝きます。暑い夏、寒い冬を乗り越え、一週間の輝きのために一生懸命生きています。

人間も同じです。輝きを得るためには、それなりの苦労、困難が必要です。

たとえば、高校野球を思い出してください。夏の全国高等学校選手権は予選から甲子園の決勝まで二ヶ月ほどの間に行なわれます。大会は短期間のうちに終わってしまうのに、一瞬の喜びを得るために毎日泥だらけになってボールを追いかけています。

じつはこの日々の努力こそ大切なのです。

あなたは富士山の山頂に立ったことがありますか？

同じ山頂に立つのでも、ヘリコプターを使って一〇分くらいで行く方法もあれば、一合目から頂上まで歩いて行く方法もあります。

一〇分で到着したときの気持ちと、一合目から長い時間をかけて自分の足で歩き、途中イヤな思い、痛い思い、苦しい思いをしながら頂上に着いたときの気持ちを比べてください。

どちらのほうが達成感、充実感が得られるでしょうか？

大変だし、苦労もしたし、時間もかかったけれども、自分の足で歩いて登ったときのほうが、得られるものは大きいはずです。

人は結果から学ぶことはありません。人はプロセスからのみ学ぶ生き物なのです。

プロセスを省略して、結果だけを得ようとしたらどうでしょう。運よく結果を手に入れることはできるかもしれません。ですがプロセスをへた人に比べて、学びは少ない。その後を長い目で見ると、学びの差が大きな差になるのです。

私は典型的な凡人でした！

最近、努力することを好まない人が増えているという話を聞きます。でも、本当に努力しないでいい人生を送れるのでしょうか?

成功者は世の中に二パーセントしかいないと言われています。ならば世の中の九八パーセントの人は、まず自分自身が「凡人である」という事実を受け入れるべきです。

特別な才能や特別な能力のない九八パーセントの凡人が、二パーセントに入るためにはどうしたらいいでしょうか。

やはり努力しなければ入れないでしょう。

自分自身が凡人だということをまず受け入れ、一生懸命努力するということを覚えていかないと、本当の意味でいい人生を歩めないのではないかということです。

私は凡人の典型でした。何かに一生懸命に打ち込んだこともありませんでした。大学時代にスポーツに打ち込んだわけでもありませんし、学校の成績も特に良くなくて普通でしたし、何の取り得もない普通の人間、凡人だったんです。

「人生の免疫力」を高めよう！

私は、人より早い段階で重い責任を負い、大きな仕事を任せてもらえました。若いうちに、いろいろな体験をし、いろいろ失敗しました。

早い段階での小さな失敗、小さな挫折は、人生の免疫です。失敗や挫折を体験することで、少しずつ免疫力がついてきます。免疫力がついてくると、大きなアクシデントに出会っても、ついた免疫力によって対処することができます。

具体的に言えば、何かが起きたときの対処法、感情をコントロールする術なども学びました。このために「怒らない」を実行できているのです。

これは体と同じです。泥遊びなどをして、小さいうちにある程度の菌に接触すると、免疫力がついていきます。過剰に菌から隔離しようとすると、免疫力の向上が妨げられ、かえって病気になりやすい体質になる可能性があります。砂遊びや泥遊びは、自然に遊びながら外界からの菌に対する免疫をつける、とても良い遊びなのです。ドイツでは法律で、「子どもは泥んこになる権利がある」と定められているほどです。

ある国に、ゴキブリの多い町がありました。町はゴキブリを一掃しようと、大々的な駆除作戦を実施しました。

するとどういうわけか町に病人が増えました。いろいろ調べてみると、ゴキブリを駆除したことによって雑菌がいなくなり、町の人の免疫力が低下したことによって病気になる人が増えたということがわかりました。その町は適度にゴキブリを復活させました。

体の免疫力が強くなると、自然治癒力《しぜんちゆりょく》が強くなるというのと一緒で、人の怒りもちょっとずつ免疫をつけていくと免疫力がつくし、自分でそれをコントロールしていくという治癒力も強くなるということです。

子どもには失敗させよう！

子どもの教育でも同じことが言えます。

子どもが一人か二人の時代になり、放っておくどころか、先読みして手を打つ親が増えています。何をやるにも手取り足取りで、上手にやらせてしまいます。失敗することはありません。

これは困難を克服するチャンスを奪っているのです。「かわいい子に旅をさせない」行為です。

たしかに、親が手取り足取り面倒をみて、何事もうまくクリアしているうちは、子どもはストレスを感じることがないでしょう。

でも、そんな環境はいつまで続くでしょう。

親が何もかもやってあげられるのは、ごく限られた期間です。集団生活をはじめたとたん、自分の主張は、当たり前のように通らなくなります。そうしたときに、小さな失敗によって子どもがストレスを感じ、そこで爆発してしまうのです。それは感情をコントロールする訓練が不足しているのです。

子どもは小さな失敗を繰り返して成長します。それなのに親は子どもが失敗しないように先回りしてしまうのは大きな問題です。子どもが転んだら、すぐに手を差しのべないで、放っておくことがとても大切なのです。

小さな失敗をたくさんするメリットは、自分自身でリカバーするコツを体で覚えられることです。若いときにたくさんチャレンジし、失敗して挫折《ざせつ》することはとても大切です。

ネクスト・チャンス

本当に恐れなければならないのは、何かにトライして失敗するリスクよりも、チャレンジしないリスクです。もちろん、初めてトライすることなら、誰だって「失敗したらイヤだ」と思うでしょう。

でも、そこで立ち止まっていては、何も変わりません。変わらないどころか、現状維持によって自分自身が陳腐化し、時代に取り残される危険もあります。本田宗一郎さんが、「成功とは、九九％の失敗に支えられた一％である」と言っているように、チャレンジのほとんどが失敗に終わることはめずらしくはないでしょう。

ですが、失敗すること自体は悪いことではありません。

失敗から何かを学ぶことができれば、それはもはや失敗とは言えません。

二〇〇五年に、プロ野球の千葉ロッテマリーンズを三一年ぶりの日本一へと導いたボビー・バレンタイン監督は、失敗した選手に対し、「ドンマイ」ではなく「ネクスト・チャンス」と言ったそうです。

エラーしたり三振した選手を罵倒《ばとう》したり怒鳴ったりすることはありません。ポンとお尻をたたいて「ネクスト・チャンス」と声をかけるだけです。**「失敗してもいいんだ。お前はできるんだから次のチャンスに頑張ればいい」**とロッテの若い選手に言い続けました。この言葉は失敗して立ち止まっている選手の心を次へと向けます。だから選手は伸びたのです。

ゴネ得はいずれイヤな思いをする

世の中には、やりたいことをすでに仕事にしている人と、やりたい仕事を将来するために今は泥水を飲んでいる人がいます。

今のあなたはどちらでしょうか?

私は数年前から、やりたいことを仕事にできるようになりました。かねてよりの夢であった教育事業です。

かつては、やりたくない仕事をやっていたこともあります。やりたいことを将来やるために、やりたくない仕事でも、訓練とか能力を高めるためのキャリア形成のためだと考えて頑張っていました。今、目の前にあることに一生懸命に取り組み、頑張って能力を身につけ、キャリア形成をしてきました。

しかし、中には結果さえ得られれば、途中はどうでもいいと考える人もいるでしょう。こんなことがありました。

コンピュータ・システムのトラブルによって、航空チケットの発券カウンターの前に長蛇の列ができていたときです。搭乗を希望する人たちは、不満に思いながらも、それなりに我慢していました。

ところが、一人の男性が突然、怒り出したのです。

「ふざけるな。オレは急いでいるんだ。早くチケットを出せ」

乱暴な言葉で、執拗《しつよう》に係員に迫ります。しばらくすると、その男性は物陰に呼ばれ、優先的に航空チケットを発券してもらったのです。

ゴネたことで得する人がいます。

でも結局、最後にはそういうヤツはいい思いができないんじゃないかなということです。こんなことを目の当たりにすると、結局、世の中「ゴネ得かよ」と思うかもしれません。

でも、目先でゴネたヤツが得することはあっても、長い目で見ればそんなことはありません。プロセスを省略して結果だけを得ても、その後の人生は実りあるものにはなりません。

人間はプロセスから学び、成長していくのです。こんなことを繰り返していれば、いずれ痛い思いをするでしょう。

マクドナルドの調理場にはメガネをかけた人がいないという話を聞いたことがあります。なぜかというと湯気でメガネが曇って何秒かの時間のロスが発生するからです。

トヨタ自動車では、作業時間を一秒縮めるために日々カイゼンが行なわれています。同じように多くの上場企業が生産効率を上げるため毎日一生懸命に取り組んでいます。

会社を上場しようと思っても明日すぐに上場できるわけではありません。

そこにたどり着くためには、物事を一つひとつ積み上げていくことが必要です。

第2章

「あなたの感情」はあなた自身が決めている！

目の前の出来事には何の意味もありません！

「怒らされた」と言う人がいます。

「悲しまされた」と言う人もいます。

誰かの言動によって、怒らされたり、悲しまされたりするということは、責任が、その誰かにあるということです。

でも、怒ったり、悲しんだりしているのは自分自身です。「怒らされた」「悲しまされた」と感じている相手の言動は、感情を引き起こすきっかけにすぎません。

怒るか怒らないかを決めるのはあなた自身です。

目の前の出来事には何の意味もありません。

その出来事に対して、意味をつけているのは自分自身だからです。

松下電器創業者の松下幸之助さんが成功した要因について、「学がなかったこと」「病弱だったこと」「貧乏だったこと」と語っています。学がなかったので一生懸命勉強した。病弱だったからタバコも酒もやめて健康に気を遣《つか》った。貧乏だったから一生懸命働いて稼いだというのです。

学がない、病弱、貧乏はどれも、普通はネガティブに捉《とら》えられることです。しかし、経営の神様、松下幸之助さんは、ネガティブに捉えるものをすべてポジティブに捉えていました。

人の心を左右するのは、出来事ではなく受け取り方

私の甥《おい》っ子は高校のラグビー部に入っています。

練習中、先輩がペットボトルで水を飲み、その辺にぽんと放る。するとペットボトルに土がつく。先輩はそれをまた飲む。甥っ子は、それを見て、「口の中に土が一緒に入ってきて汚い」と思っていました。

そのことを先輩に言うと、「ばか野郎。これは大地の恵みのミネラルなんだ」と言ったそうです。まあ、半分は冗談でしょうが……。

でも、ここでも物の見方に気づかされます。甥っ子は土のついたペットボトルの水を飲むことを汚いと思った。でも、先輩は大地の恵みだと感謝しました。同じ出来事でも、見方や考え方が違うと捉え方がずいぶん変わります。

目の前にあることに、自分がどういう意味づけをするかによって、イライラするのか、怒ってしまうのかが変わります。

怒るか怒らないかを決めるのはあなた自身です。

人間はすべてのことを自分で選んで行動しています。毎日、何百、何千という意思決定を繰り返しながら生きています。

その意思決定の質が、人生の質を変えます。

私も最初から、このことに気づいていたわけではありません。

イヤなことに直面すれば、怒りまくっていました。怒っていることを自分が決めているという考えなどありませんでした。

でも、実際には、自分がある物事に直面したときに、「それはイヤだ」と選んでいるのです。

たとえば、遅刻したときに上司がいきなり「ばか野郎」と怒鳴ったとしましょう。このことに対して、「そこまで言うことないじゃないか」と怒ることもできますし、「自分が遅刻したのだから当たり前だ」と思うこともできます。

誰かの苦言に対して、「うるさい、余計なお世話だ」と怒る人もいれば、「自分のために言ってくれた、ありがたい」と思う人もいます。

人の心を左右するのは、出来事ではなく受け取り方なのです。だから逆に言えば、どういった感情を持つかは本人の意思によって変えられるはずなのです。

同じ出来事でも、どう考えたかで結果は変わる!

出来事が結果を変えることはありません。出来事をどう捉えたか、考えたかによって成果が変わります。「自分は一〇〇%正しい」と思い込んでいるようなことでも、実はそうではないかもしれません。

太陽は東から昇って西へ沈む。

これは真実ですか?　いえ、これは現実ですが、真実ではありません。そういうふうに見えているだけです。真実は、地球が太陽の周りを自転しながら回っているのです。東から昇って西へ沈むという現実を繰り返し見ていると、あたかもそれが真実であるかのように勘違いしてしまう。それが先入観になって真実を見落としているのです。

一つの出来事に対してたくさんの見方があるのです。

たとえば、プロ野球のジャイアンツの敗戦という出来事は、ジャイアンツファンにとっては悲しい出来事ですが、アンチジャイアンツファンにとっては喜ばしい出来事です。出来事の捉え方にはいろいろな考え方があることに、まずは気づいたほうがいいのです。

二人の靴《くつ》の営業マンがいました。

二人は、会社に命じられて、まったく靴を履く習慣のなかったアフリカのある地方にやってきました。

一人目の営業マンは誰も靴を履いていないのを見て、「こんな場所で靴が売れる訳がない」と怒って、帰ってしまいました。「よく調査もしないで、こんなところに出張させるなんて、上司はいったい何を考えているんだ」と怒り狂いました。

ところが二人目の営業マンは、「オレは誰も靴を履いていないマーケットを発見した。これは爆発的に売れる」と喜び、本社から数百足の靴を送ってもらい、売り歩いたのです。靴は飛ぶように売れました。

結局、靴を履いていない人たちを見たときに、それをどう考えたかという営業マン二人の考え方が成果を大きく変えたのです。

考え方を変えれば、感情はコントロールできる！

九時からはじまるドラマを見終わって、十時になったら勉強しようと決めていたにもかかわらず、ドラマが佳境に差し掛かった九時半頃に、母親から「あんた、いつまでテレビを見ているの。早く勉強しなさい」と言われたとき、あなたならどう考えますか？大きく分けると三つあるでしょう。

①「うるせえな。せっかく十時になったら勉強しようと思っていたのに。今日は気分が悪くなったから、勉強はやめ。明日から頑張ろう」と、ヘソを曲げて勉強をしない。

②「うるせえな」とは思いながら、しかたなく自分の部屋に行きますが、「十時からと決めていたんだから、十時からしかやらない」と、九時半に部屋に行ったのに、三〇分

間はマンガを読んでダラダラ過ごす。

③「うるせえな」と思いながら、「でも、母親も私のことが憎くてそう言ってるわけじゃなくて、もう受験も近いから心配して『勉強しろ』と言ってくれたんだな。三〇分あれば英単語の三つ、四つは覚えられるだろう。毎日三〇分で英単語を三つ覚えると、三〇日で九〇個、一年間で約一〇〇〇個。三〇分を無駄に過ごしたか過ごさないかで、一〇〇〇個の単語を覚えるか覚えないかの違いが出る。そう考えると、三〇分を無駄に過ごすかどうかは大きな差だ。せっかく母親が私に与えてくれたチャンスだから、この時間を無駄にしないで頑張ろう」と、思い直して机に向かって頑張った。

三つの中でどの人がいい成果を上げられたでしょう。

もちろん三番目です。自分が考え方を変えることによって、人は怒らなくて済むのです。

自分の感情が怒りを生む

同じ話を聞いているのに、そのときの感情の違いによって、受け止め方はずいぶんと違ってきます。

イライラした状態で聞くのと、冷静に聞くのとでは、ぜんぜん違います。

たとえば、部下から「A社との契約が破棄されそうなんですけど、どうしたらいいでしょうか」と相談されたとします。

そのとき自分自身の仕事がうまくいかずに、イライラしていたらどうでしょう。

「ばか野郎！　おまえがとろいから、そういうことになるんだ。すぐにA社に行け。うまくいくまで帰ってくるな」

なんて怒鳴ってしまうかもしれません。

でも、心がゆったりとしているときなら、

「そうか。どういうことなのか詳しく状況を聞かせてくれないか。いっしょに対策を考えようじゃないか」

と落ち着いて対応できます。

あるいは部下が仕事の疑問点を相談しにきたとします。

イライラしていると、「こんなの、こうやれば、すぐ処理できるだろ！」などと乱暴に対応してしまうかもしれません。

自分の個人的な感情を、たまたま相談にやってきた部下にぶつけているのです。部下は被害者です。なぜ、「ここまで言われなくちゃならないのか」と不満に思うでしょう。

同じように相談されても、心に余裕があるときなら、「なるほど。きみはどう思う？」と、部下を教育しようという気持ちを持ちながら相談にのることもできます。

イライラしていると、物事をネガティブに受け取りやすい。ですが、冷静に受け止めると、同じ言葉、同じ事柄でも、まったく違うものに感じます。

子育てのイライラも

子育ての場面でもそうです。子どもを寝かしつけているとしましょう。そのとき自分にやり残した仕事があって、子どもに早く寝て欲しいと思っていたとします。すると子どもが寝つかないとイライラして、「早く寝なさい！」とか、「おまえはどうして寝ないの！」などと声を荒げてしまいます。

でも、自分も寝てしまおうと思っているときは、子どもが寝なくても気になりません。ゆったりと話しかけることもできます。

子どもが寝ないという状態は同じなのに、自分の気持ちによって、受け取り方が変わり、態度も違ってしまいます。

人間は、ちょっとしたことで気持ちが変わります。そして、それによって同じことでも受け取り方が変わり、相手への対応も変わります。

もし自分の感情をいつもおだやかに保つことができれば、言葉や物事を悪く受け取ることは減りますし、相手への態度もおだやかになります。

いろいろなことをイライラしながらやると、それ自体マイナスです。たとえば動作が雑になります。粗雑に扱うと、物は壊れ、まわりの人に良くない影響を与え、自分の心にもさざ波が立ち、ほころびが出るのです。

「価値観の違い」を受け入れよう！

「腹が立つ」、「かっとする」、「むかつく」といった心の奥底からフツフツと湧き起こるイライラは、価値観の違いから生まれます。

たとえば、あなたが仕事の速い人だとします。すると仕事が遅い人に対してイライラします。自分が明るい性格であれば、暗い人にイライラします。きれい好きな人は、だらしない人が気になります。神経質な人には無神経な人が気になります。時間を守る人は時間にルーズな人が気になります。

でも、それは自分の価値観に合わないからイライラしているだけです。自分のやり方に合わないからイライラしているだけです。

その人はそれでいい、それで普通だと思ってやっているのですから、あなたがイライラしているのは、相手の問題ではなく、自分の問題です。自分勝手にイライラしているのです。

だから、自分が受け止め方を変えるのです。

たとえば、仕事の遅い新人にイライラする。ミスばかりする新人にイライラする。そんなときは、「自分も新人だった頃はアイツと変わらないことをやっていたよな」と考え直してみます。

泣いてばかりいる子どもにイライラする。そんなときは、「自分も赤ちゃんのときはこうやって泣いてばかりいたんだろうな」「子どもは泣くのが仕事だって言うしな」と考え直してみます。

「この人とは話をしたくないな」

知り合いが自慢げにこう言ったことがあります。

「オレは議論をして負けたことがない。なぜなら勝つまで話すからだ」

それを聞いて私は、「この人とは話をしたくないな」と思いました。

この人は議論の目的を勘違いしています。本来議論の目的は、Aという意見とBという意見を持ちより、Cという着地点を見出すことです。ところがこの人の場合、自分のAという意見を押し通すことだけ考えているのです。

会議などで、「私はこう思う」と主張したとき、「それは違う」と議論することがあります。白熱してくると、互いに譲り合わず、「自分が正しい」と主張し合うことになります。

でもどちらが正しいかと言えば、両方正しい。相手を認め受け入れることが大切です。相手を否定する権限はありません。

自分の意見と違うから相手の意見が間違っているということではなく、それはその人の考え方です。自分の考えを主張するのはいいことですが、相手の意見をまっこうから否定する権利はないし、否定してはいけないのです。

それでも自分の意見を押し通そうとすると、イライラはつのり、やがて口論へと発展していきます。

自分が正しいと思い込んでしまうと、すべての非は相手にあることになります。他人のせいにし続ける限り、少しのことですぐにイライラすることになります。

本当に自分は正しいのだろうか？

このような場合、客観的に自分を見つめ直す必要があります。

自分が思う考えを、常に正しいと思わずに、「本当に正しいのか」と疑ってみます。

考え直して正しいと思えることなら、それはそれでいいのです。

ですが、本当に正しいかなと考え直し、「さっきはこう思ったけれど、こういう考え方もある」とか、「よく考えてみたらこういうケースもあるから、正しいとは言えない」と思うことがあります。

考えることによって、モノの見方、考え方が変わったり、学びを得ることもあります。

友人の言葉に感じた怒りの感情は何だったのか

たとえば、怒りの感情にかられたときも、その気持ちをすべて正しいと思わず、本当に正しいのかと自分を疑う気持ちを持ったほうがいいのです。

また、相手の正しい指摘によってイライラが生まれることもあります。

私が社会人なりたての頃のことです。目覚し時計を見ると始業三〇分前でした。その瞬間パニックになりました。顔も洗わず、歯も磨かず、とにかくワイシャツにスーツをはおり、会社へ向かって走り出しました。

会社に到着するとちょうど朝礼の真っ最中。五十数名の営業部員の視線がいっせいに私に集まりました。

「すみません。寝坊して遅刻しました」

すると、ある同僚がいきなり、

「なんだよ、おまえ、電車の中でネクタイを締める時間もなかったのかよ」

と言ったのです。私はネクタイを握りしめていました。

その瞬間、私は全身の血が頭に逆流するのを感じました。「あの野郎、なんでみんなの前でオレをつるし上げるんだ」と怒りの感情が湧き上がってきました。

しかし、自分の席につき、朝礼に参加しながら冷静に考えてみると、その通りなのです。電車の中でネクタイをする時間は十二分にありました。それなのに、「寝坊はしたけれど、自分なりに一生懸命急いで会社に来た」ということをアピールしたかったのか、パニクっていてネクタイを握りしめたまま出社したのです。

では、友人の言葉に感じた怒りの感情は何だったのか。

それは、痛いところをつかれたからにほかなりません。触れて欲しくない部分にずばり触れられたために怒りの感情が起きたのです。

情報に感情をコントロールされないようにする！

情報は仲介者によって曲げられるものです。伝言ゲームのように、間に何人か介在することで、内容が変化してしまいます。

たとえば、私の知り合いの会社は、一年間の予算を立てたら、それを一二で割って、一一ケ月間で達成するという経営をしています。最後の一ケ月は、一一ケ月で達成できなかった部分の補塡《ほてん》をすることにも使われますが、主たる目的は一年間の感謝の意をこめて、外回りや顧客フォローを行なうことにあてます。

ところが、最後の一ケ月に何をするのかという部分をカットされ、

「あの会社は一年間のノルマを一一ケ月で達成させられるらしいよ」

「残りの一ケ月は何するの？」

「うーん、よくわかんないけど、さらに売上を上げて一二〇％に持っていくんじゃないの」

「ノルマの一二〇％が義務づけられているなんてキツイ会社だね」

などと、切り捨てと誇張によって情報はずいぶん変わっていってしまいます。

また、同化と言って、伝達者のイメージによって、情報が勝手にすり替えられてしまうこともあります。

たとえば、「スーツ姿の男性が座っていた」と聞いたのに、伝達者の頭の中で「スーツ姿＝サラリーマン」というすり替えが起こると、「男性サラリーマンが座っていた」と情報が変わってしまいます。

また、独自に形成されたネットワークの中で、同じ情報を二度聞くと、半信半疑だったこの情報を、「みんなが知っているから」と確信してしまうことがあります。

たとえば、Aさんから、「○○さんがあなたのことを悪く言っていたよ」と聞いたときには、「もしかしたら、そんなこともあるかもしれない」程度に思っていても、別のBさんからも同じことを聞くと、「やっぱり本当なんだ」と確信してしまうのです。でも、Bさんはそのことを Aさんから聞いたかもしれません。

情報に一喜一憂するのは、やめたほうがいい。

なぜなら自分で見聞きした事実でない限り、人から伝え聞いた情報は間違いかもしれない。単なる噂を真に受けて、怒ったり、イライラするなんて、本当に時間の無駄です。

怒りは脳の老化現象

心の老化が怒りの原因となっていることもあります。

年をとったおじいちゃん、おばあちゃんと接していると、以前よりもひがみっぽくなった、話がしつこくなったと感じることがあります。

おそらくそれは、年をとった自分に関心を寄せてくれないことに対するさびしさではないかと思います。

年老いた自分の存在価値の希薄感もあるでしょう。仕事を離れてしまったさびしさもあるでしょう。一生懸命話しているのに相手が話を聞いてくれないというさびしさもあるでしょう。おじいちゃん、おばあちゃんなりの心のメッセージのような気がするんです。

たとえば不平や不満ばかり漏らしている人や、ストレスや悩み事を抱えている人などは実際の年齢より老けて見えるものです。逆に健康で、いつも笑っている人や、物事に興味を持っている、あるいは趣味を持っている人はイキイキとして若々しく見えます。

このように感情や思考によって大きな違いが出てくるものです。

つまり、心の老化とは、喜怒哀楽などの情動が低下し、意欲や気力が低下することを言うのではないでしょうか。くどくなる、怒りっぽくなる、涙もろくなる、なぜか不安になる、ひがみっぽくなる、病気が必要以上に気になる、など心当たりがあったら、もっと心をリラックスさせることに努めてみると良いかもしれません。

人生の成果は考え方、心構えによって変わる

人生の成果はどう生まれるのでしょうか。

木には根があり、幹があって、枝葉があって、実がなります。

人生の成果はこれによく似ています。

まず、モノの見方、考え方、心構えという根の部分があります。

成果・結果
行動・態度・姿勢
スキル
テクニック
知識・技術
心構え・モノの見方・考え方

その上の幹の部分が、知識・技術、スキル、テクニックです。枝葉の部分が、行動、態度、姿勢であり、最後に成果や結果という実がなります。

実は、この世にあるものはすべて、人のモノの見方、考え方、心構えから派生した現象なのです。この世に存在しているすべてのものは人の心がつくり出した成果物なのです。

あなたの目の前にあるものすべてがそうです。

たとえば、すべての商品は、誰かがこういうものがあったら便利なんじゃないかと考えたところからはじまっています。その人のモノの見方、考え方の中から派生した現象の結果ということです。

だから、よい成果をあげたいのなら、根の部分である、モノの見方、考え方、心構えという部分から見直していく必要があります。

植木職人は根っこを見ればすべてわかると言います。根っこがきちんとはっている木は、良い実を実らせます。甘い果実が欲しいなら、まずは根っこの部分を、意識したほうがいいのです。

あなたは何のために生きていますか？

こんな話があります。三人のレンガ職人が、大きな修道院を建築していました。この修道院は完成までに一〇〇年かかると言われています。ある人が、三人の職人に「あなたは何をしているのか？」と尋ねました。

一人目のレンガ職人は、

「見ればわかるでしょう。レンガを積んでいるんですよ。こんな仕事はもうこりごりだ」

と怒った口調で答えました。

二人目の職人に同じ質問をすると、

「レンガを積んで壁をつくっています。この仕事は大変ですが、賃金が良いのでここで働いています」

と答えました。

三人目の職人に同じ質問をすると、

「私は修道院をつくるためにレンガを積んでいます。この修道院は多くの信者の心のより所となるでしょう。私はこの仕事に就けて幸せです」

と答えました。

それから一〇年、最初の職人は以前と同じようにグチをこぼしながらレンガを積んでいました。

二人目の職人は「もっと条件のいい仕事があった」と言って、賃金は良いけれども危険な修道院の屋根の上で働いていました。

三人目の職人は、いろいろな知識や技術を覚えたため、現場監督として施行を任されるようになりました。そして、多くの職人を育てました。その後、修道院に彼の名前がつけられたそうです。

この三人のレンガ職人の違いは何でしょうか。

それは、レンガを積むという作業にどれだけ使命感、充実感をもって取り組んでいたかの差ではないでしょうか。

要するに、考え方の違いです。

根っこの部分の違いです。仕事に対して取り組む心のあり方、その仕事に対するモノの見方、考え方が違ったということです。

たとえば、新幹線の車輪のボルトを締める仕事でも、この仕事をする人がいなければ新幹線は完成しません。

どんなささいな仕事でも怠《おこた》らず、今の仕事がどれだけの人に影響しているかをイメージして仕事に臨むだけでも、仕事の成果は変わります。

これは人生にも言えることです。どう生きるか。その考え方によって、実りある人生になるか、そうでないかが変わってきます。

第3章

感情コントロールは人生コントロール

過去は変えられない。未来は変えられる

今のあなたをつくったのは何でしょうか。

それは「過去」です。

過去に自分が何をしてきたかです。過去にあなたがどんな種をまいてきたかによって、今のあなたが決まっています。悪い種をまいたこともあるでしょうし、よい種をまいたこともあるでしょう。いろいろな種がありますが、今のあなたがあるのは過去にまいた種の結果です。

今、あなたが直面している「怒り」も同じです。あなたが過去に何をしてきたかによって、怒るような事態が目の前に現れているのです。

もっと正確に言えば、過去から育んできたあなたの価値観によって、目の前の事実を不快と捉えているのです。

どんなにイヤな過去だろうが、どんな素晴らしい過去であろうが、過去は過去です。変えることはできません。

一方、変えられるものがあります。

それは「未来」です。未来と自分は変えられます。

では、一〇年後、二〇年後のあなたは、何がつくっていくのでしょうか。それは、これからどんなことをしていくかです。それはこれからまく種です。この一瞬からまきはじめる種によって変わります。

あなたは過去にどんな種をまいてきたでしょうか。

自分のまいた種が芽を出し、咲いた一輪の花が、今のあなたです。

そして、一〇年後、二〇年後に自分の思った通りの花を咲かせたかったら、これからどんな種をまくかによってそれが決まります。今から質のよい種をまけば、あなたの未来は明るいものになるでしょう。

松下幸之助と松井秀喜の言葉

松下幸之助さんが、船を下りて波止場を歩いていたら、いきなり大男にぶつかられて、海に落ちてしまいました。一緒にいた秘書が、「社長、大丈夫ですか。私が文句言ってきますよ」と言ったのですが、そのとき幸之助さんは何と言ったと思いますか?

普通の人なら海に突き飛ばされて、「ふざけるな」と思うでしょう。追いかけてあやまらせ、クリーニング代くらいもらってもよさそうです。

でも、幸之助さんは一言、「ああ、夏でよかった」と言いました。そして、文句を言ってやろうと息巻く秘書に向かって、

「馬鹿者。今から文句を言ったからといって、私は海に落ちないで済んだのか。海に落ちないで済むのなら、いくらでも文句を言いに行く。だが、そんなことはありえない。

いまさら文句を言ったところで私が海に落ちたという事実は何も変わらないじゃないか。先を急ぐぞ」

そう言って、ぬれたスーツを手で払いながら、さっさと歩きだしました。

私はこのエピソードを聞いてこう思いました。

海に落ちたという事実は、いちいち文句を言ったところで変えられない。変えられない事実に対して怒るよりも、未来の仕事に向かっていくほうが大切だと思ったからそういう行動を起こしたのではないでしょうか。

アメリカ大リーグのニューヨークヤンキースで活躍する松井秀喜選手が著書『不動心』（新潮社）の中で、打てなかったときの気持ちをこう語っています。

「悔しさは胸にしまっておきます、そうしないと、次も失敗する可能性が高くなってしまうからです。コントロールできない過去よりも、変えていける未来にかけます。そう思っていなければ、失敗とはつき合っていけません。（中略）腹が立ったり、不満が出てきたりするのは、仕方がありません。思ってしまうのだから、自分にも止められない。でも、口に出すか出さないかは、自分で決められます。そこに一線を画した方が、自分をコントロールできるような気がします」

電車が来ない、バスが来ない、エレベーターが来ない

人生には自分の力で変えられるものと、変えられないものがあります。これを見定めることが、時間を有効に使い、成功するコツです。

たとえば、変えられないものの代表はお天気です。

休日にディズニーランドに行く約束をしていたとしましょう。

期待に胸をふくらませながらいつもより少し早起きし、窓を開ける。

ところが……土砂降りの雨。がっかりです。誰だってイヤな気持ちになるでしょう。

でもその雨はどうすることもできません。やんで欲しいと願っても、やむかもしれないし、やまないかもしれない。それは、あなたの力のおよばないことです。

反対に日照りが続き、水不足になってしまった。田んぼの稲は枯れ、ダムの水は干上がり、断水が続いています。それでも雨を降らせることはできません。

考えてみると、自分の力で変えられないものは、身近にたくさんあります。

電車が来ない、バスが来ない、エレベーターが来ない。

よくエレベーターが来ないといって、ボタンをカシャカシャと何回も押しては、イライラしている人がいます。でも、ボタンを一回押そうが五回押そうが、エレベーターは来るかもしれないし、来ないかもしれないのです。

変えられないことに対して無駄なエネルギーを使っているのです。

晴れたら喜ぼう。雨が降っても喜ぼう。何があっても喜ぼう

では、どうしたらいいでしょうか。

自分自身の頑張り方や考え方をちょっと変えることです。まず、変えられることにエネルギーを集中させる。そして、変えられないものは、それをどう受け入れていくかを考える。

私には大切にしている言葉があります。

「晴れたら喜ぼう。雨が降っても喜ぼう。何があっても喜ぼう。それが繁栄につながる」

これは『繁栄の法則』（藤井勝彦著）というメルマガで見つけた言葉です。

この文章はこんなことを意味しています。

真夏のギラギラした太陽の照りつける日に、外で仕事をしていたら、「暑くてたまんないよ。涼しくならないかな」「曇ってくれないかな」と不満に思うでしょう。雨が降っている日は、「服がぬれてイヤだな」「傘をさすのは面倒くさいな」「車を運転していると視界が悪くなってイヤだな」と思うでしょう。

でも、晴れても雨でも「ありがとう」という気持ちにならないといけない。

自己中心的な考え方からもっと大きな考え方をするよう努力してください。

天気に限らず自分に不都合なことが起きたら、そのことに不満を持つ前に、全体的、グローバル的な視点に立って物事を考える習慣を身につけてください。それがあなたの本当の幸せにつながり、あなたの繁栄につながるからです。

物事を一つの視点から見るのではなく、別の視点から見ると、別のものが見えてくるのです。


たとえば雨が降っている。それは変えられないことです。だから、

「雨が降ってイヤだな。なんで雨なんて降るんだよ」

ではなくて、

「雨か。たまの雨は、いいお湿りになるな」

とか、

「雨が降ると、きっとお百姓さんは喜んでいるんだろうな」

と考えます。

他人は変えられない

過去と同じように、他人もコントロールすることはできません。

たとえば、上司だからといって部下をコントロールすることはできません。親だからといって子どもをコントロールすることはできません。

独立して会社を設立した頃、思うように業績を上げられず、「部下を動かすには何が必要なんだ?」「部下を動かすコツはないのか?」などといつも考えていました。

そんなとき、あるセミナーに出席した私は、講師に向かって、その質問を投げかけてみました。

「自分の部下がなかなか思うように動いてくれないとき、あなたはどうしているのですか? 何か秘訣のようなものがあれば教えていただきたいのですが」

講師は半分あきれたような顔をして、こう言い放ったのです。

「何を言っているんですか? そもそも人を動かそうと考えること自体チャンチャラお

かしいですよ。上司というのは、部下が自ら動こうとする環境をつくることが大切なんです」

その言葉を聞いた瞬間、私は言葉を失いました。金属バットで頭を「ガツン」と殴られたような衝撃を受けました。

それまでの私は、「どうやったら部下を意のままに動かせるだろうか？」ということばかり考えていたのですが、その考え方自体が間違っていたのです。

上司のやり方や考え方がどんなに正しくても、部下が納得して、自ら動こうとしなければ、意味がありません。

そんな状態で、部下を無理やりに動かそうとしても、短期的にはうまくいくことがあっても、長続きはせず、望む結果は得られません。

「人を動かそうとすること自体チャンチャラおかしい」という言葉に金属バットで殴られたような衝撃を受けてから、マネジメントスタイルをガラリと変えました。自分が黒子になって、部下をバックアップしていくというスタイルへとシフトチェンジしたのです。

すると部下はイキイキと仕事をはじめ、業績も上がりました。

子どもを自分の理想型に育てようと、嫌がる子どもに無理やり勉強をさせたりする親がいますが、無理に勉強することを強いるよりも、親としてまず考えなければならないことは、「どうしたら子どもが自らやる気を持って勉強をするようになってくれるか」、そのために親として何ができるのかを考えることです。

愛という言葉をはき違い、親であるという権限を使って、自分の言うことを聞かない子どもに物事を強制するのは、子どもの人格を無視した単なる親のわがままです。

そういうタイプの親には、ぜひ本当の意味での愛を勉強して欲しいと思います。

感情は行動に大きな影響をおよぼす

感情は行動に大きな影響をおよぼします。

たとえば、極道映画を見たあとに映画館の入り口で見ていると、出てくる人のほとんどが、肩を怒らせ、眉間にしわを寄せた、イカつい顔をして出てきます。極道映画を見たことによって、感情が揺さぶられ、無意識のうちにそういう態度になってしまったのでしょう。

同じように矢沢永吉のコンサート会場から出てくる人は、なぜかみんな「永チャン」になっています。感情は知らないうちに行動に影響をおよぼします。

私が通っているスポーツジムのランニングマシンには小さなテレビがついています。ある日、ランニングしながら何気なく画面を見ていると、ものすごくドロドロしたドラマをやっていました。見ながら走っていたら、やる気がすっかり萎《な》えてしまいました。

逆に、楽しいテレビ番組を見ていると、気持ち良くランニングできます。見るともなしに見ているテレビでも行動に影響をおよぼしているのです。

感情と行動は自動車の両輪です。

たとえばスキップをしながら怒れますか？　スキップはうれしいとき、楽しいときにするものですから、スキップしながら怒るのは難しいのです。スキップしながら笑うことはできても、スキップしながら怒るのは難しいでしょう。

一流と二流の違い！

このように世の中には変えられるものと、変えられないものがあります。

変えられるものの一つが、自分の感情です。自分の感情をコントロールすることはできます。

たとえば人の仕事ぶりを見ていてイライラすることがあるでしょう。仕事が遅い、段取りが悪い、などと感じてイライラしてしまう。そのとき、その人の仕事を速くするとか、段取り良くすることは、たやすくできるものではありません。

でも、イライラしている自分を変えることは簡単です。自分の考え方、受け入れ方を変えることで、自分はそれに対して怒ったり、イライラしないですむようになります。

成功者の多くは感情コントロールの達人です。

たとえば、ＭＬＢ（メジャーリーグ・ベースボール）の一線級の選手は、みな感情コントロールがうまい。MLBの中継を見ていて感じるのは、一流の投手はみんなマウンドで無表情だということです。

たとえばボストン・レッドソックスで活躍する松坂大輔投手。

記者会見では愛嬌のある笑顔を見せ、とぼけた味のあるトークも魅力ですが、マウンド上では別人のように無表情です。

あれは感情を完全にコントロールしているからです。

松坂投手以外でも、一流のピッチャーは、みなポーカーフェイスです。

これは、表情で心理を悟られないようにするため、マウンド上ではあえてクールにしているのです。

一流であればあるほど、感情のコントロールがうまいのです。感情コントロールのうまい人は情緒的に安定しています。仕事に取り組むときに集中力を発揮し、冷静に取り組むことができます。

怒りは無謀をもって始まり後悔をもって終わる

松井秀喜選手は、どんなときでもメディアへの対応がよく、その紳士的な態度に多くの賞賛の声が寄せられています。それに対して、松井選手自身が著書『不動心』の中でこう述べています。

「メディアの質問の中には、明らかに僕の気持ちを逆撫《さかな》でするのが目的だと思えるようなものが、まったくないとは言いません。正直に言えば、カチンとくることもあります。でも、記者の人たちも、仕事としてそういった質問をぶつけてくるわけで、個人的に僕が憎たらしいからというわけではないでしょう。それだったら、どんな質問に対しても真摯《しんし》に答えようと、思っています」

「イチローさんは以前、選手も記者もお互いが切磋琢磨《せっさたくま》し合うべきだと話していました。僕も、そうあるのが理想だと思います。しかし、お互いを高めていくその過程で、カチンときたときに怒りの感情を露わにすることは、怒る方にとっても、マイナスに作用するケースが多いと思うのです。頭にきて口を利かなくなるケースも同じでしょう。『ピタゴラスの定理』で知られる古代ギリシャの数学者で哲学者のピタゴラスは、『怒りは無謀をもって始まり後悔をもって終わる』と話したそうです。感情は後先考えずにやってきます。腹を立ててつい大声を出したものの、結果として後悔することが多いということなのだと解釈しています」

「怒らない」と決めてしまおう！

私は怒らないと決めています。何があっても怒らないと決めています。ごくまれに必要に応じて怒ることはありますが、そのときは、この場面は怒るべきか、それとも怒らないかを考えたうえで、怒ることを選んで怒ります。

妻が私に対して怒っても、私は怒りません。感情に対して感情をぶつけることはしません。

私は日頃から妻に、

「怒るか怒らないかは自分が決めていることなんだよね。オレは怒らないと決めているから」

「議論をするのは大歓迎。でも自分の感情を相手にぶつけても何も生まれないからね」

と言っています。

彼女もそれを理解してくれているので、今はほとんど喧嘩をすることはなく、何かあったら話し合うようにしています。

そもそも夫婦は価値観を押しつけ合うとうまくいきません。「こういう夫であってほしい」「こういう妻であってほしい」「こういう家庭をつくりたい」という自分の価値観を相手に求めていくと、そこに現実とのギャップが生じ、イライラや喧嘩の種となります。そうではなく、お互いの価値観をすり合わせながら、新しい夫婦共通の価値観をつくりあげていくと良いのです。それは、結婚生活の中で一つひとつ積み上げていくものです。

「落ち込まない」と決めてしまおう！

私は落ち込まないとも決めています。

同じ出来事を体験しても、落ち込む人と落ち込まない人がいます。

でも、衝撃的な何かがあったからといって、すべての人が落ち込むわけではないのです。「怒る」「怒らない」と同じように、**「落ち込む」「落ち込まない」という選択肢があって、自分が「落ち込む」を選んだ人が落ち込む。「落ち込まない」を選んだ人は落ち込まない。**

私は落ち込まないと決めているので、ほとんど落ち込みません。

人間は立ち直れないような衝撃を受け、一時期はひどく落ち込んでも、やがては元気になります。

愛する両親との死別、子どもの不慮《ふりょ》の死、終生の愛を誓い合った恋人との別れ、命を賭けた事業の失敗など、大きな衝撃を受けたとき人は落ち込みます。毎日、毎日泣き続け、食事ものどを通らない。気力も体力も失われ、まるで、「ぬけがら」のような日々が続きます。

でも人間は、頑張って一生懸命生きてさえいれば、必ずそれを克服します。「忘れる」ということは、神様が人間に与えてくれた贈り物です。時の力によって心の傷は癒《いや》され、やがて元気になります。

回復するまでにどれだけの時間が必要か。そこが個人によって大きく差の出るところです。ならば、その時間は少ないほうがいいのではないでしょうか。人生という限られた時間を、落ち込んでいる時間に費やすとしたら、とてももったいないと思うのです。

だから私は落ち込まないと決めています。落ち込まないために感情のコントロールをしています。悩む、悩まないも同じです。悩んでいても時間のムダです。だから私は悩まないと決めています。

他人のせいにするのはやめよう！

「怒らない」「落ち込まない」と決めてもなかなかうまくいかないときもあるでしょう。とくに、イヤなことが起きたとき、ついつい他人のせいにしてしまうでしょう。でもじつは、すべて自分の責任なのです。車両事故のために電車が遅れて、そのせいで待ち合わせの時間に遅れてしまった。それは誰の責任でしょう。

「そりゃ、鉄道会社の責任に決まってるよ」

はたしてそうでしょうか？　たしかに、車両事故を起こした責任は鉄道会社にありますが、その電車が遅れないと決め込んで、乗車したのはあなたですよね。つまり、遅刻をした責任はあなたにあります。

問題が発生すると、いつも他人のせいにする人が、あなたのまわりにもいるでしょう。その人のことを思い出してください。その人は、文句を言うばかりで、結局問題は何一つ解決していません。起こっている問題に対して、「原因をつくったのは私ではありません」と主張しているだけで、事態を前に進めようという発想で発言や行動をしていないのです。

責任を他人に求めるのは簡単です。そうしたくなる気持ちもわかります。ですが他人に責任を求めても、問題は解決しないのです。

自己責任という意識を徹底すると、当事者意識が芽生えてきます。

どんな問題でも、突き詰めれば自分の責任なのだから、

「これはオレの問題じゃないから、いいや」

と言って知らん顔をするわけにはいかなくなります。

よく飲み屋などで、「今日、仕事でイヤなことがあってさぁ……」とか、「むかつく取引先がいてさぁ……」などと話している人がいます。

でも、もう少しきちんと考えると、仕事でイヤなことがあったのではなく、仕事である出来事があって、それを自分はイヤだと思っているのです。取引先の行為に対して、自分がむかついているのです。

世の中で起こっている出来事が喜ばしいことなのか、イヤなことなのかはすべて自分

が決めています。自分を支配しているのは、出来事そのものではなく、その受け止め方です。もともとの出来事には何の意味もなく、出来事に意味をつけているのは自分自身です。

人は毎日、何百、何千という意思決定を繰り返しながら生きています。その中で、自分が意思決定した結果が、自分に降りかかってきているのですから、人生すべて自分の責任です。

他人の言う通りにして失敗しても自分の責任

私の人生を振り返ると、人の意見にしたがったことが結構あります。

たとえば、高校は別に行きたい学校ではありませんでしたが、親に勧められて、「まあいいか」と思って行きました。高校時代は特にやりたいこともありませんでしたが、姉に、「男ならギターの一つや二つ弾けなかったらしょうがないじゃん」と言われて音楽をはじめました。これがきっかけとなって、高校時代はフォーク、大学に入るとロックバンドで活動していました。

就職するときも、特別行きたい会社とか、やりたい仕事はありませんでした。最初に内定をくれた会社に入ろうと思い、最初の会社に入りました。

ところが営業に出るのがイヤでたまらない。

私は典型的なサラリーマン家庭に育ったため、一度入った会社には最後まで仕えるものだという感覚を持っていました。ですから会社を辞めるという発想はありませんでした。

営業はイヤだが、会社を辞めるという選択はない。そのときいい成績を上げて営業マンから営業マネジャーになって人を教える立場になれば、自分で営業しなくてすむと考えました。そして優秀な成績を上げ、最年少営業部長に抜擢されました。

二八歳のときに独立・起業しますが、このときも何をしようと決めていたわけではなく、とにかく辞めることだけ先に決めていました。そのことを私より一年先に独立した親友に話すと、「じゃあ、一緒にやろうよ」と言ってくれたのです。

私は「それもいいかな」と思い、「わかった」と言って、彼の会社に行くことにしていました。

ところが、辞める一ヶ月ぐらい前になり、実際に自分の部下に「じつはおれ、辞めるんだ」という話を正式にしたら、何人かが、「それならば私も辞めるので自分たちで会社をつくって一緒にやりましょう」と言ってくれたのです。

私はそれもいいかと思い、親友に事情を話して、彼らに言われるがままに会社をつくり、独立して経営していました。

すると今度は一緒に経営していた仲間から、「どうせなら会社を上場させて、業界ナンバーワンになるぐらいに頑張ろう。会社を合併しよう」と言われ、「それもいいか」と思ってM＆Aに踏み切り、その後、「上場しよう」と言われ、これまた「それもいいか」と思って上場しました。

私は自分から新しい船を用意したというよりも、常にいくつかの船を誰かが用意してくれて、目の前にいくつかの選択肢がありました。その中で自分なりにいいものを選んできたつもりです。最後には自分で決めたのです。そして選んだのだから全力で事にあたるようにしました。

感情コントロールのレッスン「赤信号は渡らない」

私は赤信号を渡らないと決めています。ほとんどの人は、赤信号でも車が来なければ渡ってしまうでしょう。車がほとんど走っていない田舎町の赤信号、深夜で静まりかえった道の赤信号、どう考えてもここに信号がついていることがおかしいと思う場所についている赤信号。こうした赤信号をほとんどの人は渡ってしまうでしょう。あるいは最初に待っていた人でも渡る人がいると、その人につられて、みんな渡っていってしまう。一人渡ったから「いいや」という感覚です。

でも、私は赤信号は絶対に渡らない。

「四九対五一の法則」を知っていますか？

これは心の中のことは大体五一対四九くらいのところで勝負がついていることが多い

という話です。

組織の不祥事、個人の不正や事件などが頻発していますが、その関係者で、始めから悪いことをしようと思ってしている人はまれではないでしょうか。不祥事を起こす人でも、最初から悪い心が一〇〇で、良い心がゼロというわけではなく、おそらく悪い心が五一で、良い心が四九のギリギリのところで迷っての結果なのではないでしょうか。

人間は善の道を求める心が欠けると、すぐに悪い心がはびこってしまいます。

そういう弱い生き物だからこそ、常に悪い心がはびこらないように良い心を鍛え上げておく必要があるのです。

そこで、私は「善」の心を養う自分への訓練として赤信号は渡らないと決めています。

じつは、他にも二つ理由があります。

二つ目の理由は子どもの見本になることです。世の中の子どもたちは、これからの世の中を背負う社会の大切な宝です。大人が信号無視をしているのを見て、それをマネして車が来ないことをいいことに、信号無視をして交通事故にでもあったらゾッとしてしまいます。

三つ目の理由は、単純に、信号くらいきちっと守る余裕のある人生を送りたいということです。

「怒る」「怒らない」という判断にしても、「落ち込む」「落ち込まない」という判断にしても、最初から「怒る」や「落ち込む」が一〇〇％ではないのです。実際には、五〇前後のところでせめぎ合いながら、「怒る」は五一で、「怒らない」が四九だったために、怒ってしまうのです。人の心はそれくらい微妙なものです。

そうした僅差《きんさ》をコントロールするためにも、赤信号を渡らないことはいい訓練になります。

PART2

怒り・イライラと無縁になる25の習慣

第4章

「イライラ」を感じなくなる習慣

怒ってしまうときは、精神的に余裕がないときが多い。

心の中がストレスでいっぱいになっているから、ちょっとした拍子に怒ってしまうのです。水がコップいっぱいに入っていれば、コイン一枚を入れただけでも、水はあふれてしまいます。

ですから、最初からストレスをためない習慣を持っていれば良いでしょう。

習慣1　迷ったら、決断しない！

私は、迷ったことは決断しません。無理に決断しなくても、本当に大切なことであれば、いずれ「よし」と決断できるときがきます。

だから迷っているときは、不安、問題など、踏ん切れない理由が「何か」あるのです。それでも大切なことであれば、いずれ決断のときがやってきます。

だから迷ったことは決断しない。そうすると、不思議ですけど必ずよしと思えるときがやってきます。

人が動くのはどんなときでしょうか？

イメージしたことに対し、高い価値観を持てると人は動きます。

イメージには、ゴールイメージとプロセスイメージがあります。「こうなれたらいいな」「こうなるんだ」というゴールイメージと、それにたどり着くまでの、「まずこうやる」「次にこうやる」というプロセスイメージをある程度描けたときに、自然と決断できます。

だから迷っているときは、あえて決断しなくてもいいのです。

そのことを自分の中で常に頭の片隅において、情報を収集し、最終的に「よし」と思える意思決定をすることです。

習慣2　自分の欠点を利用する

誰にでも欠点はあるものです。

欠点というのは、えてしてイライラのもとになります。ですが、見方を変えてうまく利用することはできるでしょう。

そうすることでイライラは減り、怒らずにすむようになります。

たとえば、私は物事をいっぺんに進める器用さがありません。

複数のプロジェクトを同時期に動かすとなると、かなりストレスがたまります。心がそういう状態になっていると、ちょっとしたことで感情が弾け、怒りが表へ出てしまうこともあります。

そこで自分なりの解決方法を持っていました。

それは、できるだけ一つのプロジェクトに集中することです。

それによって自然に集中と選択が働き、いい方向に進んでいきました。徹底することで厚い岩盤をうち砕くほどの大きな力を発揮することができたと思います。「あれも、これも」といろんなものに手を出してしまっては力が分散して成果が上がらなかったでしょう。

習慣3　常に最悪の事態を考えておく！

私は小心者でビビリ屋です。

ビビリ屋であることは、もちろんマイナスなのですが、ビビリ屋で小心者であるがゆえに、じっくり考えて物事に取り組めました。

私は何かをはじめようとすると、「こういうアクシデントが起きたらどうしよう」「こういうリスクもあるんじゃないか」と心配でたまらなくなります。

世の中には、**考えてから動く人**、**考えながら動く人**、**動いてから考える人**がいると言いますが、私は一番目の、考えてから取り組むタイプです。じっくりと考えに考えてから、実行に移すタイプです。

実際やりはじめると、想定していたリスクが実際に起きます。それでも対処法を持ったうえで、実行に移しているので気持ちに余裕があります。最悪の事態に直面しても、被害を最小限に抑え、回復に向かわせることができたという実感があります。

私は**「最悪を考えて最高を生きる」**をモットーにしています。

タリーズコーヒーの創業者である松田公太氏は、著書『すべては一杯のコーヒーから』（新潮社）のなかで、一号店を出店する際の危機管理について興味深い考え方を述べています。

松田氏はタリーズコーヒーの一号店として、銀座の一等地に店を出すため、七〇〇〇万円の借金をしなければならなかったそうです。そのときに彼が考えたのは、「もし店が失敗して、七〇〇〇万円の借金を抱え込むことになったら、どうやって返すか」ということでした。

ここからの彼の考え方はなかなかユニークです。

時給八五〇円でコンビニのバイトを一日一五時間、週休一日でやれば、月の収入は三三万円から三四万円。それに妻の収入も合わせれば、月に四〇万円は返済できる。そこまで危機管理をしたとき、「なるほど、こんなもんか」と彼は思ったというのです。

最悪のケースを考えるというのは、マイナスのゴールを設定して、リアルにイメージすることです。

私は新しい事業をはじめるとき、ネガティブ情報をたくさん拾い集めます。

「こういうことが起きたら一巻の終わりだ」「こういう状況になったら、もう仕事はなくなる」などと考えます。ネガティブ情報を見聞きして、それでも「やる」と思えたときに、事業をスタートさせます。

私は勉強も兼ねて、株式投資を少しやっているのですが、そこでも似たような発想を持っています。私はどんな株式でも、二〇％値を下げたら、迷わず売ると決めています。それが五〇〇万円の投資でも、一〇〇〇万円の投資でも、二〇％下がったら、「ハイ、そこまで」ということです。

この方法の良いところは、最悪いくら損をするのかが、あらかじめわかっているということです。それがわかっているから、「失敗しても、こんなもん」という気持ちで、ときには大胆な投資もできるのです。

これがもし、最悪いくら損をするのかわからないという状況だったら、「いったいいくら損するのだろう……」と不安になって、株に手を出すことすらできないかもしれません。

また、最悪のケースを設定していないことによって、自分が持っている株価が下がっていても、「ひょっとしたら、これから上がるのでは……」と期待して、さらに大きな損をするかもしれません。

最悪のケースを考えるというリスクマネジメントは、大胆な行動を引き出したり、きっぱりとした判断をするための好材料とも成り得るのです。

最悪を低く抑えることで、アベレージを取ると結局は、右肩上がりになります（左ページ図）。

「最高もあるけど最低もある」では、結局良い成果は得られません。

私は自分なりのリスクマネジメントで最悪を低く抑えることにより、右肩上がりのいい人生を歩めているのではないかと実感しています。

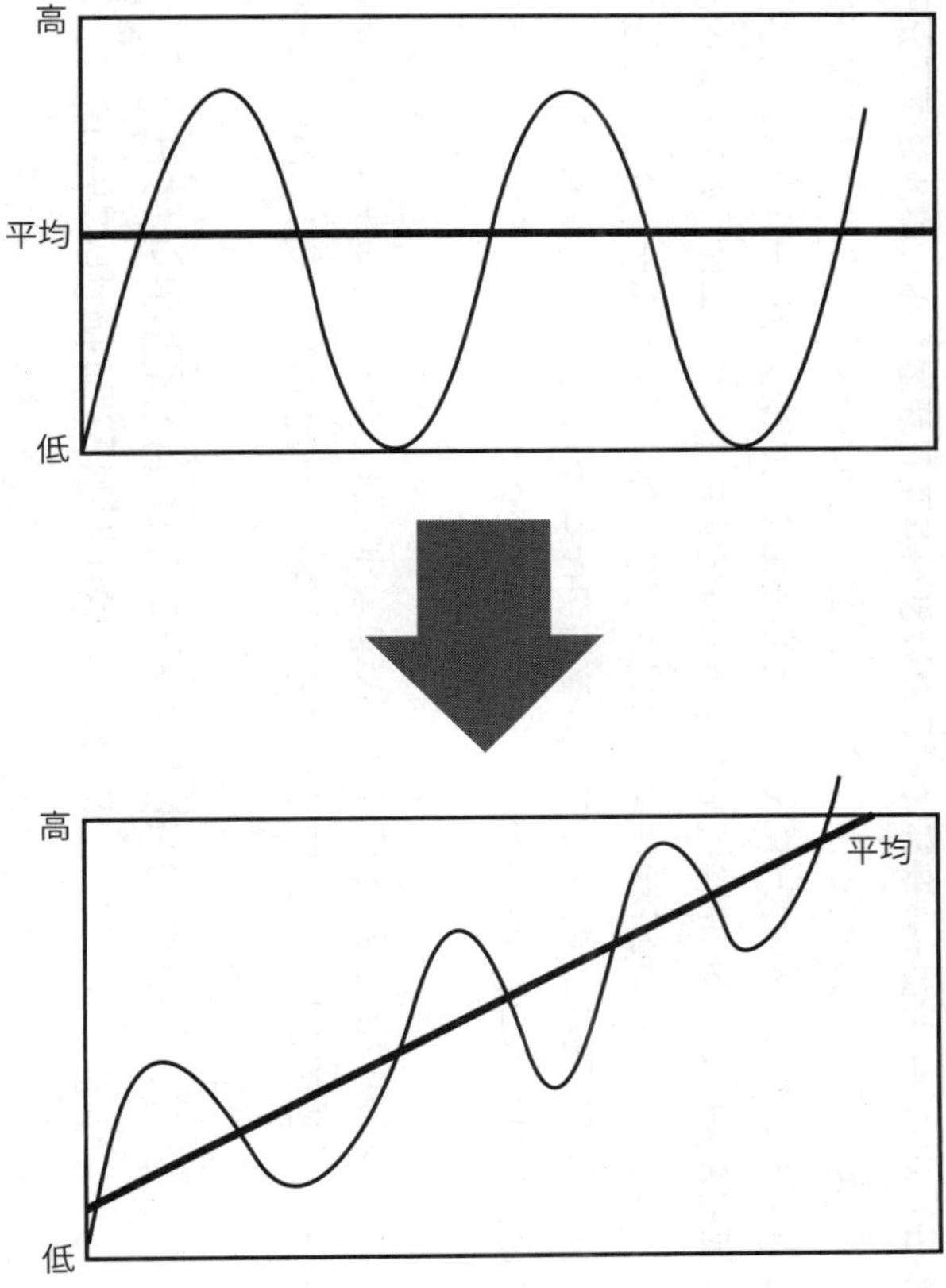

高
平均
低

↓

高
平均
低

習慣4 何よりも準備に重きを。『出かける前チェックリスト』をつくる

『誰でもできるけれど、ごくわずかな人しか実行していない成功の法則』（ジム・ドノヴァン著／ディスカヴァー・トゥエンティワン）にこんな一節があります。

「休暇で旅行に出るとする。飛行機のチケットを買う行列に辛抱強く並び、自分の番が来ると、重たいスーツケースをドサリと床に置き、係員に『旅行に出たいのだが、どこでもいいからチケットを売ってください』と言ったりするだろうか。

もちろんそんなことはない。準備に何ヶ月もかけているだろう。行き先を家族と相談して決め、スケジュールを調整し、交通手段やホテルの手配をする。その旅行についていろいろ話したりもしているだろう。目的地にいる自分の姿を思い浮かべる出発までの日数を指折り数える。その瞬間に向けてあなたの気分は盛り上がっていく。（中略）旅

行の計画にこれだけのエネルギーを注ぎ込むことができるのなら、なぜ人生を偶然のままに任せておくのか。ほとんどの人が何を欲しいのかも、どこへ行くのかもわからないままに、何となく一日を過ごしてしまう。人生の計画よりも旅行の計画のほうによっぽどエネルギーを注いでしまっている。これは悲しいことだが事実は事実」

準備はとても大切です。きちんと準備すれば、あとで後悔してイライラしたりすることはなくなります。

そもそも計画とは、最終的なゴールに向かって、その方法や手順を組み立てる作業です。つまり、ゴールがイメージできてはじめて、計画できるのです。

富士山に登る場合で考えてみましょう。富士山に登るという目標は同じでも、どこから登るかは自分次第です。いろいろな経路があります。麓《ふもと》から自分の足で登って行くこともできますし、途中まで車で行くこともできます。もし登頂するイメージが湧かないとしたら、別の方法で登ることを計画して、新しいイメージをつくることも大切です。

また、富士山に登るのと、エベレストに登るのと、筑波山に登るのとでは、準備するものも違えば、準備にかかる時間も違います。エベレストに登るのならば、筑波山とは比較にならないほどの準備が必要でしょう。

でも、エベレストに登るからといって、「あれもやらなきゃ、これもやらなきゃ」と混乱しては、うまくいきません。目標達成までの道のりを順序立てて考え、何を最初にやるかを決めることが、有効な計画を立てるコツです。

つまり、計画を立てるという作業には、まず、「やらなければならないことをあげる」、そして「それを整理し、順序よく並べる」という二つのフェーズがあるのです。

具体的に工夫しているのは、出張や旅行の準備です。男性のなかには、出張や旅行の準備を奥さんにやってもらう人と自分自身でやる人の二つのタイプがいます。私は出張や旅行の準備は自分でする派というか、「したい派」です。

なぜなら、妻に用意してもらうと旅行先に行ってから、「あれが入っていない」とか、「向こうのTシャツのほうがいいのに、何でこのTシャツが入っているんだ」などと、イライラしたり、妻に対して勝手にむかついたりすることになりかねません。

それはとても自分勝手な話だし、そういうことが起こるのも面倒です。

気持ち良く旅行に行き、気持ち良く帰って来るにはどうしたらいいか。そう考えたら、自分で準備をするという結論に達しました。

奥さんに旅行の準備をしてもらう人は、多少の忘れ物があろうが、どんなシャツが入っていようが、あまり気にしないおおらかなタイプなのでしょう。私は気にするタイプだと自分でわかっているので、自分でやります。そうすれば旅行も気持ち良くできるし、妻に対してイライラの矛先《ほこさき》が向かうこともありません。

出かける前の準備として、私は「持ち物マトリックス表」をつくって自宅に貼っています。

横列には、「普段の外出」、「出社」、「少林寺拳法」、「スポーツジム」などと行く先を書き、縦列には、カバン、電子手帳、携帯電話、タオルなどと持ちものを書きます。そして交わったところに○をつけて、持ち物を確認します。

たとえば毎朝会社へ行くときはその表の「出社」欄を縦に見て、ハンカチ持った、ティッシュ持った、電子手帳持った……と確認します。少林寺拳法に行くときには、財布持った、着替え持った……と確認します。

忘れ物をすると、ベストな仕事ができません。たとえば電子手帳を忘れたりしたら、その日は予定もわからなくなりますし、新たなアポを入れることもできなくなります。そうするとどうしてもイライラしてしまうでしょう。

イライラしないための予防線としてやっているのです。

習慣5 自信がないので仕事も生活も分相応に

私は自分に自信がありません。そんなことを言うと、人からは「とてもそんなふうに見えない」と言われますが、事実そうなんです。

小心者で、いつまでたっても自分に自信が持てず、講演会やセミナーも、いまだにビビリながらやっているような人間です。どうやったら自信を持ってできるか常に考えているのですが、いつまでたっても自信が持てない。

そうした性格は自分でよくわかっていましたから、物事を分相応に進めてきました。背伸びしてしまうと萎縮《いしゅく》してしまい、まったく能力を発揮できなくなります。そして心の中はストレスでいっぱいになってしまうのです。

たとえば、無理して一流高校に入って落ちこぼれてしまうより、無理せず二番手の高校に入り、真ん中以上の集団にいたほうがいいと思っていました。

いまから振り返っても、その気持ちは変わりません。

上位ランクの集団の下位に位置して、自分のことを「ダメだ」と悲観し、ストレスいっぱいの毎日を送るよりも、ランクを落としてでもいいポジションにいられるような環境を選んで、「やればできるんだ」と思えることが大切なのだと思います。

ダメだ、ダメだと思って毎日を過ごすより、できるぞと思っているほうが、将来におよぼす影響は大きいのです。自信がないからこそ、そうすることによって、余計なストレスを感じないで生きて来られました。

私がもし就職をするときに何かの間違いで一流企業に就職をしていたら、一流大学を出た賢い人間に囲まれて、いつも「ダメだ、ダメだ」と思って毎日を過ごし、今の私はなかったかもしれません。

生活も分相応を心がけています。たとえば家。今は幸いお金に不自由していないので、それなりの家に住んでいますが、社会人一年目は、三万八〇〇〇円の風呂なしのアパートからスタートしました。お金もないのにあるふりをしていい家に住んだりすることもしないし、逆に、お金があるのに必要以上に謙虚になって、小さい家に住もうとも思いません。

常に自分の現状レベルに合ったことを進めてきました。

たとえば、給料が手取り一九万円なのに、月一五万円のマンションに住んでしまう人がいます。これはあきらかに分不相応です。借金してまで高級ブランド品を買う。高級外車を買う。これも分不相応です。

そうしたら、給料のほとんどを家賃やローン支払いに持っていかれます。すると、「今月をあと数千円で暮らさなくてはいけない」「食費をどうしよう」「友達と遊びに行けない」などとイライラをかかえてしまいます。

私は「自分の強み」を、「自分を客観的に見られること」と思っています。

内側から出てくる自分の思いや考えに対し、「客観的に見てどうか」と考えることができます。十九万円しか給料がないのに月一五万円のマンションに住むということを、客観的に見て、すぐに破綻《はたん》するからやめようと思えます。

分相応の見栄は張ることはありますが、分不相応な見栄は張りません。

習慣6　目標はできる限り低く設定する

自分に自信の持てない理由を考えたことがあります。振り返ると、立てた目標をことごとく達成できない自分に気がつきました。

たとえば高校受験でも、第一志望校に落ちました。仕方なくあまり行きたくなかった私立高校に行きました。

当時は、東京の一部の有名私立校は別として、私立高校はレベルが低いとされる時代でした。とくに地方ではその傾向が強かった。優秀な学生は県立高校に行き、そうでない学生が私立に行くような時代でした。

大学もそうです。私は中学生のとき、姉の友達の慶応大生に勉強を教えてもらっていました。私もいつのまにか自分も慶応大学に行くと思い込んでいました。しかし、結局行くことはできませんでした。

就職も一緒です。大学時代バンド活動をやっていたので、「音楽関係かマスコミ関係に行けたらいいな」という漠然とした思いはありましたが、あまりにも倍率が高く、はじめからあきらめていました。

とにかく目標はことごとく達成できませんでした。

私はいつもイライラしていました。そのうちに目標達成に対するコンプレックスを持つようになりました。

社会人になった頃でしょうか、あるとき、目標を決め、やり遂げるという達成感を味わいたいと思いました。

そのときどうしたと思いますか？

できるだけ低い目標を立てたのです。たとえば、「脱いだ靴はそろえる」、「新聞を読んだら元に戻す」などです。

ちょっと頑張れば、すぐにできるような目標を設定し、それを習慣にしていきます。

脳神経外科専門医である築山節氏は『脳が冴える15の習慣』（日本放送出版協会）の中で、こう述べています。

「部屋の片付けでも、壊れているものを修理に出すでもかまいません。自分の身近にある、少し面倒くさいと感じる問題を毎日少しずつ解決するようにしましょう。そんな雑用をするくらいなら、もっと格好良いことをしたいと思われるかもしれませんが、それは脳の体力をつけてからです。

前頭葉の指令を出し続ける力が落ちているときに大きな問題に取り組もうとしても、途中で面倒くさくなったり、辛さに耐えられなくなったりして挫折してしまいます。そして、また何もしない生活に逆戻りしてしまう。そういうパターンを繰り返している人も多いのではないでしょうか。

小さな雑用を毎日積極的に片付けていると、その程度のことなら面倒くさいとは感じなくなってきます。同時に、イライラも抑えやすくなる。これは脳の中で、感情系に対して思考系の支配力が強くなったことを意味しています。そうしたら、もう少し困難な問題に取り組んでいけばいいわけです。そうやって脳の体力を高めることから始めていくと、無理なく、問題解決能力の高い人になっていくことができます」

つまり、いきなり大きな習慣を身につけようと思わず、小さな習慣を身につけることからはじめることが大切なのです。

私の知り合いに「靴をそろえる」「上着はハンガーにかける」「新聞を読む」の三つの目標を設定した人がいます。その三つはすぐにできるようになったので、次は「昼休みを有効に使いたい」と考えました。

いつも昼休みは同僚と無駄話をしたり、マンガを読んで過ごしていたのですが、それからは会社で、英会話の勉強をはじめました。結局、英会話もできるようになり、会社の取締役になりました。

目標達成ラインをちょっと頑張ればクリアできるものにすることで、常に達成感を味わえるようになりました。やがて、それは習慣になり、好循環を生み、ちょっと高い目標が現れても、「頑張ればクリアできる」と思えるのです。

高い目標を立ててそれに向かって進むのも悪くはないでしょう。ですが私のおすすめは「志は高く、目標は分相応」です。分相応な目標なら、怒ったり、イライラすることはないでしょう。

習慣7　一人勝ちできる場所を見つける！

私は「あまのじゃく」です。わざと人の言うことに逆らって、片意地を通すことが多い。妻は一時期私のことを「ジャック」と呼んでいました。「ジャック」というのはもちろん「あまのじゃく」のジャックです。

「あなたは、人が右に行くと言うと左に行きたがるし、人が左に行くと言うと右に行きたがるし。こんなあまのじゃくは見たことがない」

と言って、あきれていました。

仕事でもその他のことでも、「みんながそっちに行くなら、自分はこっちへ行こう」

「みんながこういうやり方をするなら、自分は違うやり方をしよう」などと、常に人とは違ったことをやってきた気がします。

そして結果的には、あまのじゃくだったからこそ、今いい人生を送れていると思います。

では、なぜ私はあまのじゃくになったのか?

一つは、ストレスから解放されたかったからです。

人と同じ方向に進み、同じやり方をしたら、いつも同じ土俵で勝負することになり、まわりとの成果の違いがはっきりわかります。

その差に対し、**「なんであいつみたいにうまくできないんだ」「あいつにできて、なんでオレにできないんだ」**と、ストレスになってしまいます。

でも、あまのじゃくになって、「人がこうやるなら、自分は違うふうにやろう」と思う。つまり新しい土俵を自分でつくってしまう。すると競争相手がいないので、余計なストレスを感じることはありません。

正直に言えば、自信がなかった。自信を持てるような環境に常に自分を置いておきたかったのです。

仕事でも人生でも、常に自分の勝てる、独自のマーケットを探してきました。

多くの人がすでに行なっている世界に飛び込んでしまうと、そこにはたくさんの競争相手がいます。

自分より優秀な人間もたくさんいるので到底勝てません。

そこで、優越感の持てる場所、自信が持てる場所を、あまのじゃくの精神で探す。自分で新しい土俵をつくれば、競争にさらされることもありません。「こんなことをやっているヤツはいない」と自信が持てました。

私はあまのじゃくの精神で、身の置き場所を探していたのです。

習慣8　身の周りをきれいにしておく

イライラをなくすには、自分自身をよく知って、それを利用することです。

たとえば仕事で言うと、やらなければいけないことは見えるようにしておきます。作成しなくてはいけない書類、対応しなくてはいけない依頼状などは、机の上に見えるように置いておきます。電子手帳には、その日にやらなければいけないこと、近いうちにやらなければいけないことを全部書いておきます。

そうすることで、まず目に入ります。

いつまでたっても仕事が片づかないとイライラします。

机の上をきれいにするためにどうしようか、手帳に書いてあることをなくすためにどうしたらいいだろうといったら、片づけていくしかない。

私の性格はきれいにしたがりで、机の上も手帳の中とかも含めて「きれいに整理したい派」なので、目につくところに汚く置いておくことによって、片づけざるを得ない環境に自分を追い込んでいきます。

習慣9　理想主義や完璧主義はやめる

仕事でも家事でも、手を抜くことなく完全にやり遂げなくてはならないと思っている人がいます。何をやる場合でも、一〇〇%達成しなければ気がすまない。

しかし、他の用事が入ってしまったり、体調が悪かったり、あるいは加齢にともなう衰えなどで、なかなか一〇〇%達成するのはむずかしいでしょう。八〇%というときもあります。

普通ならば、八割もできたと考えるところですが、完璧主義の人は、八割しかできなかったと考えます。

これではいつも不満やイライラが心に残ります。

そこで、とにかく完璧を目指さないことにします。自分で自分に完璧を目指すと自分もつらくなるし、相手に完璧を求めると、できない相手に対してイライラする元になるということです。

私も上司になりたての頃、理想の上司を目指したものですが、頑張るほどに、上司としての自分の姿と個人としての自分の姿が遠のいていくのを感じました。

自分とはかけ離れた「理想の上司」を追いかけていくのは、つらく、苦しいものでもありました。あまり無理をせず、まずは自分らしく部下と接することが、大切だと気づきました。

習慣10 自分の問題か、相手の問題かをはっきりさせる

問題が起きると、イライラしたり、怒ったりすることが多くなります。

そのとき、その問題が誰の問題なのかを明確にする必要性があります。

ときには他人の問題にイライラすることもあるでしょう。これは自分の問題ではなく、相手の問題なのです。あなたがイライラすることはありません。

問題を次ページの図のように考えると四種類あることがわかります。

問題所有の原則

誰の問題なのかを明確にすること

	自分が問題と感じている	自分が問題と感じていない
相手が問題と感じている	① **共有された問題**	③ **相手の問題**
相手が問題と感じていない	② **自分の問題**	④ **問題なし**

①あなたも相手も問題だと思っている
②あなたは問題だと思っているが、相手は問題だと思っていない
③相手は問題だと思っているが、あなたは問題だと思っていない
④あなたも相手も問題だと思っていない

①については、あなたも相手も問題だという共通認識があるので、話し合って解決していきます。また、④についても問題ではないという共通認識があるので、イライラの原因にはなりません。

問題なのは②と③です。

たとえば②について、あなたが問題を抱えているケース、あなたと相手が問題を抱えているケース、相手が問題を抱えているケースがあります。

あなたが自分の問題に気づき、それに相手が気づかない場合は、問題ありません。

ですが、両者の問題に片方が気づいていないとき、気づいたほうはイライラするでしょう。

②、③については、自分の問題か、相手の問題かをはっきりさせます。そして自分の問題は自分で解決します。相手の問題はあくまでサポートしていきます。

相手が動いてくれないからイライラするというのは、じつは自分がイライラしているのです。その出来事に対して、勝手に頭にきている自分の問題です。

習慣11　秘密を持たない

人に言えない秘密を持つと、イライラの原因になります。

起業して間もないころ、私は社員に良い影響を与える情報は公開し、それ以外の情報は開示しませんでした。

たとえば会社の経理の状況などです。最初は経営があまりうまくいっていなかったので、マイナスの情報を公開すると、数少ない社員が辞めてしまうんじゃないかと不安でした。

しかし、それは間違いでした。「なぜ、隠す必要があるのだろう」と考えたとき、それは社員を信用していないからだと気がついたのです。

信頼できる社員になら、会社の現状について、良いことも悪いことも明らかにできるはずです。実情を理解してくれたほうが、これからやるべきこと、向かうべき方向について一緒に考えることができます。

それからは、情報を社員へ開示することを徹底しました。結果として、マイナスの情報を隠すという私の考え方が間違っていたことは、すぐに証明されました。情報をオープンにして、ガラス張りの組織をつくり上げることで、それまで以上に社員との結びつきは強くなり、強い信頼関係を築くことができたのです。

情報というのは、いつ、どこで、誰の役に立つのかはわからないものです。より高度な情報を知っていることで、仕事の優先順位が変わったり、アプローチの方法、コスト管理の意識などが変わってくることもあります。

さらには会社や部門の状況を正しく知ることで、責任の意識が高まり、仕事へのモチベーションに影響を与えることだって考えられます。

そして何より、事実をきちんと伝えたことによって、自分が楽になりました。秘密を自分だけで隠し持っているというのは、なんとも重く苦しいものです。

自分自身を素直に表現する自己開示というのはすごく大切なのです。

また、情報を開示していると、新しい仕事の話が入ってきます。

私は「できれば海外で生活しながら仕事をしてみたい」という希望がありました。なので、それをいろいろな人に話していました。

すると、海外での具体的な仕事の話が、あちこちから入ってきました。そして私はシンガポールに住み、事業をすることになりました。

常に情報開示をしていたら、そういう情報が入ってきたということです。


「ジョハリの窓」（次ページ図）を知っていますか。これは、あなたから見たあなた、そしてまわりの人から見たあなたを「気づいている」「気づいていない」という二つの面に分けてつくられたものです。

A　自分も他人も知っている面

●ジョハリの窓

	自分は分かっている	自分は分かっていない
他人は分かっている	A **開放の窓** 「公開された自己」 (open self)	B **盲点の窓** 「自分は気がついていないものの、他人からは見られている自己」 (blind self)
他人は分かっていない	C **秘密の窓** 「隠された自己」 (hidden self)	D **未知の窓** 「誰からもまだ知られていない自己」 (unknown self)

B　他人は知っているけど自分は知らない面

C　自分は知っているけど他人は知らない面

D　自分も他人も気づいていない面

人間関係においてイライラやストレスが起きやすい人は、BやCが大きいタイプです。逆にストレスから解放されている人はAが大きいのです。

ですからBやCを、Aのほうに持ってくれれば人生はとっても素晴らしい方向に進んでいきます。

CをAに持っていくには、何と言ってもできるだけ自分をオープンにすることです。自分に不利な情報を開示するということは、とても勇気や度胸がいりますが、それによって自分のポジションが落ちる心配はあまりないでしょう。

習慣12　大事なことはどんどん忘れる

たくさんの仕事を同時に抱えたり、複数の人と約束をしたりすると、大事なことで脳がいっぱいになります。これはストレスのたまりやすい状態です。

そもそも、人間の頭の中のハードディスクの容量には限界があります。もちろん個人差はありますが、無限の容量を持っている人などいません。なので、たくさんの用事を抱えていれば、その容量がいっぱいになってしまうのです。

そんな状態を回避するためにメモがあるのです。メモをとることによって、忘れることができるのです。

どんなに記憶力のいい人でも、「あれもしなきゃ、これも忘れないようにしなくちゃ」と常に考えていたら、集中して仕事に取り組むことはできません。そんな状態では、仕事の効率は落ち、期待する成果を上げられなくなってしまいます。

そんな状態が長く続けば、イライラも生まれて、結局約束を忘れてしまうという最悪のパターンにはまってしまうこともあるでしょう。

そうならないためにも、メモをとる習慣は大切です。

メモをとって、それを自分なりに整理しておけば、忘れることの不安感が解消され、集中して仕事に取り組めます。あらかじめメモをとっておいて、忘れたときにはすぐメモを見るという習慣をつければ、効率がよくなり、それだけ有効に時間が使えるようになります。

習慣13　すぐ聞くことでモヤモヤを解消する

私は、わからないことは素直に聞くようにしています。

ある日、起業したばかりの若い経営者に相談に行きました。

「こういうとき、○○社長だったらどう考えますか？　実は、こういうことで困っているんだけど、ちょっと教えてくれませんか」

そうしたら彼はびっくりしていました。彼は起業したばかり。一方の私は経営者としてのキャリアも実績もある。彼にしてみると、私が彼から学ぶことなんてないと思っていたらしいです。

「そうやって自分がわからないことを素直に聞ける嶋津さんはすごいと思う」

と言っていました。

私は、わからないものは、わからないのだから、その件に関して私よりも詳しそうな人に聞いたに過ぎなかった。でも、彼自身は「そこにびっくりした」と言っていました。どうしてもわからないことがあったとき、どうしたらいいですか？　解決できない悩みに苦しんでいるとき、あなたはどうしますか？

答えが見つかるまで一人で勉強する。悩みが解決するまでひたすら苦しむ。心がけは立派ですが、そうした方法は、時間ばかりかかって効果的とはいえません。インターネットで必死になって探してみても、ぴったりの答えが見つからずに、時間ばかりかかってしまうなんてことは、日常茶飯事です。答えが見つからないと、かえってストレスを生むことになります。

では、どうしたらいいでしょう。誰かに聞けばいいんです。答えを知っている人に聞けばいいんです。

ただ、世の中には聞くことが苦手な人も多いようです。だからこそ、若い経営者から「聞けるのは嶋津さんの魅力」と言われたのでしょう。

恥ずかしがることはないのです。わからないことも、わかることも、自分の思いや考えをどんどん開示していくことがすごく大切なのです。

習慣14 イライラする環境に身を置かない

私は会社勤めをしているころ、満員の通勤列車に乗るのがイヤでたまりませんでした。すし詰めの満員電車で四方から体に圧力を感じるだけで、イライラがつのっていきます。朝の大事な時間をイライラして過ごすと、そのあとの仕事にも悪い影響を与えます。

そこでイライラする環境に身をおかないよう、住む場所を始発電車のある駅と決めました。たとえば、井の頭線なら富士見ケ丘駅の近くに住みました。仮に始発駅の近くに住めなかったら、その前後の駅に住みました。各駅停車に一駅乗って、始発駅まで行き、そこから始発電車に乗って行きました。

そうすれば、座って会社に行けます。通勤ラッシュのなかでも本を読んでいるうちに、渋谷に到着します。こうすることでイライラから解放されました。

さらに通勤電車に乗らない生活を考え、三〇歳のときに初めて職住接近で会社の近くに家を借りました。それから現在に至るまで、私はずっと職住接近で、歩きもしくは自転車でオフィスまで通い、通勤列車のイライラとは無縁の生活をしています。

おかげで朝をおだやかな気持ちで過ごせています。

ただし、職住接近にしようと思ったのは会社を経営するようになってからです。

サラリーマン生活の六年間は、休みの日に、会社のある渋谷に近づきたくありませんでした。反対に、渋谷から遠くなるような遊び場所に行きたかったので、たとえば、東横線の綱島にアパートを借りたりしました。綱島なら逆方向に横浜があります。当時は綱島に家を借りて、休日には仕事から解放されたいという気持ちがあったのでしょう。

独立してからは、時間がもったいない、イライラするような環境に身を置きたくないという二つの理由から会社の近くに住み続けました。

私の過去を振り返ってみると、いつもイライラが起きないよう工夫していました。

通勤列車のほかにも、私は並ぶことが嫌いです。

ディズニーランドのアトラクション待ち、行列のできるラーメン屋さんなど、とにかく順番待ちをするのが苦手です。最近では流行のショップに数時間も並ぶ人がいますが、私には考えられない。だから、最初からそういうところには行かないことに決めています。並んで自分がイライラするよりも、並ばないでおだやかにいることを選びます。

習慣15　イライラするものから目を背ける

上司は部下を育てる上で我慢することが大切です。見守るという気持ちが大切です。

ですが部下の仕事ぶりを見ていると、「そこはそうやるんじゃない」「いや、そこでそう言ったらダメじゃないか」などとイライラすることがよくあります。

そういうときは、私は部下の仕事ぶりを見ないようにします。見れば見るほどイライラするので、その場から立ち去ります。

イライラするからと文句を言ったり、「こうやるんだ」と指示してしまうと、部下の成長を妨げることになります。でも、近くにいるとイライラするから、見ないようにします。

あるときは机の位置を変えてしまったことがあります。「悪いんだけど、席変えてい い？」と言って、自分の席をオフィスの隅に移動し、パーテーションで囲って、部下の仕事ぶりが見えないようにしました。

そうするとイライラから解放されましたし、部下も伸びていきました。

習慣16　一方的に話さない

呼吸は、吸って、吐くで、一セットです。

コミュニケーションも実は呼吸をしています。Aさんが話をする。Bさんは聞く。今度はBさんが話をする。Aさんは聞く。吸って、吐く、吸って、吐く……を繰り返すのが、望ましいコミュニケーションです。

反対に、Aさんは話しっぱなし、Bさんは聞きっぱなしというのは苦しい。Aさんは吐きっぱなし、Bさんは吸いっぱなしになるからです。

私はセミナーで気をつけていることがあります。セミナーでは講師は吐きっぱなし、受講生は吸いっぱなしになりがちです。コミュニケーションの呼吸を考えると、受講生に、吐かせることが大切です。

だから、たくさん質問をしたり、意見を言ってもらうコーナー、受講生同士で話をしてもらうコーナーなどを意識的につくっています。

日常の会話でもそうです。よく、一方的に話をしたり、一方的に聞き役になったりする人がいますが、これはどちらも相手は苦しい。特に、つい話しっぱなしになってしまう人は、意識的に聞くことが大切です。

最近、名司会者ぶりを発揮している島田紳助さんや明石家さんまさんですが、何か一方的にしゃべって人を笑わせているように感じますが、ゲストにちゃんと話をさせて吐かせているのがよく分かります。吐いて吸ってというコミュニケーションの呼吸が大切です。

習慣17 三合（さんあい）主義で生きる

私の昔の上司がある人の結婚式で「三合主義を大切に」という話をしてくれたことがありました。結婚式なので、三「愛」と思われるのですが、三「合」でいいのです。三合とは、助け合い、分かち合い、譲り合い、のことで、「三合主義をぜひ頭に入れて、今後幸せな生活を営んでください」と話してくれました。私はいい話だなと思い、結婚式に話すことがないと、いつもこの話を使わせてもらっています。

三合主義は、夫婦だけではなく、あらゆる人間関係でも同じです。相手に対して、譲り合ったり、分かち合ったり、助け合ったりという気持ちをほんの少しでも持てば、イライラしたり、頭にくることも減らせるのではないでしょうか。

習慣18　自信があることにはわがままに生きる

あるとき、「こうしたい」「こうやりたい」という思いと、社長として「こうあるべきだ」、上司として「こうでなければいけない」という思いに、距離を感じたことがありました。

「オレはこうしたほうが絶対にいいと思っているのに、なんで『あるべき論』でこうしなければいけないのか」

と、毎日イライラしていました。

でも、あるとき思ったのです。

「自分がこうしたい」「ああしたい」と思うのは、決して間違っていることではありません。そしてもちろん、社長としてこうあるべき、上司としてこうあるべきということも、間違ってはいません。

Aという出来事に対してどう対処するかは、考え方の違いです。そして両方とも間違いありません。もし自分の生き方や思いに自信があるなら、人間、もっとわがままに生きていい。そう思ったことがあります。

これはいい意味でのわがままです。正しい考えの上に立った思い込みは信念につながります。間違った生き方をしていないという自信があるなら、信念を貫く生き方ができます。

私の座右の銘は「人生一回」です。

人は生きているとたくさんの岐路に立ち、そこで意思決定をしなければなりません。

そんな時いつも、

「たった一度しかない人生で、本当はどうしたいのだろうか?」

「何の障害もなかったら、自分はここでどのような意思決定をするだろうか?」

とその出来事に問いかけるようにしています。

「いったい俺は何をしたいのだろうか?」と悩んだ時期に友人から、

「人生一回なんだからさ、お前らしくすることが大切なんじゃないの」

と言われました。

自分の思いを素直に表現し、自分の思いを大切にして生きるようになってから、すごく楽になったし、まわりの賛同が得られるようになりました。すごくいろいろな意味で人生が好転していったことがあります。

明らかな間違いでない限りは、人間はもっとわがままに生きていいのです。

ただし誤解しないでほしいのですが、間違った考えの上に立つ思い込みは、自分勝手、わがまま、利己主義、勘違いにつながります。

最近、給食費を払わない親が増えたと聞きます。それも決してお金に困っているような家庭ではないのにです。理由を聞くと、

「他に払わない人がいるのに、どうしてうちが払わなくちゃいけないの！」

「義務教育なのにどうして給食費を払う必要があるの！」

と言い放つそうです。

これは明らかに自分勝手、わがまま、利己主義、勘違いです。

こういう親に育てられた子供の将来がかわいそうでなりません。

第5章 自分を気持ちよくする習慣

感情コントロールには、自分を気持ちよくさせることが欠かせません。自分が快適に思う状態を知って、それを意識的に行なうことで、感情は安定し、イライラと無縁になっていきます。

習慣19 自分の成長を自分で認める

会社勤めをはじめたとき、私の給料は手取り一五万円、住んでいたのは三万八〇〇〇円の風呂なしのアパートでした。

風呂なしなので銭湯に行かなくてはなりません。それには一一時三〇分までに銭湯に到着しなくてはなりませんでした。となると、渋谷一一時発の電車に乗らなくてはなりません。飲んでいる最中に、銭湯の時間を気にして帰ることもありました。

とにかく風呂の時間を気にしないで遊びたくて、その頃の目標は、風呂付きのマンションに引越しすることでした。

その当時、一日に三〇〇〇円以上使うと生活が成り立ちませんでした。毎日、自宅近くの銀行で三〇〇〇円だけおろして財布に入れ、会社に向かいました。一一〇円のジュースを買うのももったいないと思って我慢し、あまったお金は貯金箱に入れて、そのお金がたまったら飲みに行きました。

社会人を数年続けるうちに、「のどが渇いた」と思ったら、すっとジュースを買えるようになりました。そのとき自分も多少豊かになったと感じました。

もう一つ、仕事が終わって家に帰り、風呂に入って寝る前、できればビール一杯飲んで寝たいなと思っていましたが、なかなかできませんでした。

毎日気にせずビールが飲めるようになったときも、豊かになったみたいだなと感じました。ささいなことですが、そういったことを感じて、自分を褒《ほ》めてあげることで、イライラや怒りの解消につながります。

習慣20 ささいなことで自分を褒める

私は自分で自分を褒めることにしています。

たとえば妻と会話しているときに、「でも、そういうおれってカッコイイと思わない？」「でも、そういうことをやったり、言ったりする自分が好きなんだよね」と口に出してみます。

妻は、「いま、自分で褒めたでしょう」と言いますが、そういうときは「褒めたよ。誰も褒めてくれないから自分で褒めたんだよ」と言います。

ささいなことで自分を褒めることが大切です。小さなことでもそれをやり遂げたときに、自分を褒めることができればストレスから解放されるでしょう。小さな目標をクリアしたときでも、「オレはなかなかやるもんだ」と考えて自分を励ますのです。

たとえば、朝に「今日のタスク」をメモ用紙に書き、夕方までに全部できたら、「私ってすごいね」と考え、ちょっと時間をオーバーしてしまったとしても、「私もなかなか捨てたもんじゃない」と考えるのです。こうすることで仕事にも心にも区切りをつけることができます。

私の場合、自分自身にご褒美を上げます。一年間を通して、自分がどれくらい目標を達成したかによって、「ご褒美」をあげます。

私は毎年、一月に個人目標を決め、電子手帳に書き込んでおきます。個人目標なので、「売上予算達成」「経常利益率七％達成」「少林寺拳法で二段をとる」「日常英会話をマスターする」などです。「目標を達成できたら、こんなご褒美をあげようか」と、ご褒美の内容も漠然と考えておきます。たとえば、「一二月にちょうど車検も来るから、車を買ってあげようか」などと考えます。

そしてクリスマス前に、一年間の目標の達成度合いを振り返ります。「今年一年間頑張れた」と思ったときには、ご褒美を贈ります。これまでには、欲しかった車を買ったり、コートを買ったりしました。「今年はさぼってしまった」「ちょっといまいちな一年だった」という場合には、欲しいものはあきらめます。それでも一年間の自分の頑張りをねぎらう意味で、家族でレストランで食事をしたりします。
そして、それを励みに頑張るのです。

習慣21　自分が気持ちよくなる過ごし方を知っておく

こういうことをやっていると、いつも気持ちよくいられる。そんな状況を自分でいくつか持っているといいでしょう。そして、落ち込んだときや悲しいとき、うまくいかなくてイライラしているときに、そういう状況に自分を置いてみます。

私の場合、中目黒のスターバックスコーヒーに行ったり、自宅近くの「ミケランジェロ」というカフェで一杯のシャンパンを飲みながら、テラスでぼんやり外を眺めながら考えたり、本を読んだりします。

スポーツクラブの最上階にあるレストランもお気に入りの場所です。そこは会員しか使えない場所で、かつ、会員もあまり使わないのでいつもすいています。

そこで一人でランチをしていると心おだやかになります。

こうしたら気分がいい、こういうところに行ったら気分がいいという場所をつくることは、感情のコントロールにはなくてはならないことです。その時間をその空間で過ごすことでイヤな気分を解消してくれるからです。

さらにひどく落ち込んだときには、城ヶ島のベンチに行きます。

ここは私のとっておきの場所です。

三浦半島の城ヶ島の小高い丘の上にベンチがあるのですが、そのベンチに座りながら海を眺めているというのが好きなのです。自分でも感情のコントロールがむずかしい、相当なことがあると、車で城ヶ島まで行き、そこで海を眺めます。海を感じ、自然を感じ、風を感じます。

すると心が波に洗われるというか、心の中のわだかまりが、少しずつ消えていくのです。

習慣22　朝の時間を大切にする！

感情のコントロールをしていく上で朝の時間がすごく大切です。

私は妻に「朝ご飯はいらない」と言っています。

朝は自分のペースで、心おだやかに過ごしたいからです。朝は早めに家を出て、カフェやファミリーレストランで朝食を食べながら新聞を読む。これが私の朝のスタートです。

そして、一人静かに自分を見つめます。おだやかな気持ちで自分の夢や目標を考えたり、「今日一日何をするか」を考えます。

気持ちよくスタートダッシュをするためには、今日一日何をするかが整理された状態で、頭に入っていなければなりません。

気持ちよく起きるための工夫として、私は目覚まし時計の音にこだわっています。

ジリリと鳴るか、ピピピと鳴るか、あるいは音楽が鳴るかによって、目覚めが変わってきます。

そのため私は良く目覚ましを買い換えては試していました。

自分にとって心地いい音を求めて買いまくったという感じです。

目覚めを快適にし、朝を気持ちよくするための一工夫です。

最近は、太陽の光で起きています。もともと人間は日が昇ると起きて働き、日が沈むと眠るという規則正しい生活をしてきました。

人間の体内時計は目と目の間あたりにある、視交叉上核《しこうさじょうかく》という神経細胞群にあると考えられています。朝は朝日の明るさが視交叉上核に伝わり、「起きる」という命令が出され、夜は暗さが視交叉上核に伝わり、「寝る」という命令が出されます。

そこで窓のカーテンをわざと開けておき、視交叉上核に太陽光線を浴びるようにしています。

習慣23　身近な人にいいところを五〇あげてもらう

あるセミナーに参加したときのことです。宿題で、「あなたの身近な人に、あなたのいいところを五〇個あげてもらってきてください」と言われたことがありました。私は一番身近な妻に、「書いてほしい」と頼みました。

妻は考えながら、私の長所を五〇個ピックアップしてくれました。

「記念日を大切にしてくれる」

「いつも私のことを気にしてくれている」

「仕事を一生懸命にやる」

などと、五〇個もの私の長所をあげてくれたのです。

これは本当にうれしかった。

五〇個の中には、「やっぱり」「なるほど」と思うこともありましたが、意外なこともありました。それを見て、「こんなふうに見ていてくれたのか」「こんなふうに思っていてく

●私が妻に書いてもらった長所50個

自分の長所／強み

(50項目)

(1) 物事をよく考える
(2) 平等である。
(3) 相手の事を中心に考える
(4) 冷静
(5) 歌が上手い
(6) バランスを保つのが上手
(7) 清潔
(8) 几帳面
(9) 正しく考え行動する
(10) 計画性がある。
(11) 食事に気を付け野菜中心の食生活
(12) 感謝の気持ちを人に伝える
(13) 怒らない
(14) 人の話を良く聞く
(15) 有言実行する
(16) 時間を作って運動を心掛けている
(17) 歯医者に6月に1度検診に行く
(18) 人を喜ばすことが上手
(19) 愚痴はこぼさない
(20) 噂話はしない
(21) 親思いである
(22) 易しい。
(23) 努力家である
(24) 常に前向きに考える
(25) 時間に正確である
(26) 夫婦の記念日を必ずやってくれる。
(27) 1年間に1度プレゼントをくれる。
(28) 1年間に3回ぐらい海外旅行へつれていってくれる
(29) 夜遅くなる場合は必ず連絡をまめにくれる。
(30) DVD予約は全て彼がやってくれる。
(31) 食事がなかった場合、嫌な顔をせずに対応してくれる。
(32) 何かあった場合、すぐに相談してくれる。
(33) コミニケーションをとるよう努力してくれる。
(34) 両家の実家へはまめに帰るよう時間を作る
(35) お墓参りは時間が空いたら行く。
(36) 無駄使いはしない。
(37) 常に見ていてくれる。
(38) ほめるのが上手い。
(39) かっこつける。
(40) やらなくてはならない事はその日のうちにやる
(41) 運転が上手
(42) 情報入手するのが早い
(43) 勉強家である。
(44) ささいな事など解決することを考える
(45) 仕事ができる。
(46) 安心してみていられる。
(47) 信用、信頼がもてる人だ!。
(48) 心が広い
(49) アイディアを、沢山もっている。
(50) 考え方が自由で広い。

れたのか」などと感動しましたし、あらためて自分の長所に気づくこともできました。

一〇個ぐらいだと、いつも思っていることを人は書くのでしょう。でも五〇個あげるとなると、結構深く考えないとなかなか出ない。だから後のほうにあげられていた項目のほうが、自分にとっては「ぐっとくる」ものが多かった。

それによってとても勇気づけられ、自信を持つこともできました。今では私の宝物として机の上に貼っています。

あなたも身近な人に五〇の長所を書いてもらったらいかがでしょうか?

習慣24　気持ちを伝え合う

自分の気持ちを相手に伝えることは素晴らしい。お互いの理解が深まります。

たとえば、上司と部下はお互いにどんなふうに仕事をしていくかを言葉で確認し合います。部下からは、どんな上司になって欲しいかと聞き、上司からは、どんな部下であって欲しいかを伝えるのです。ここで重要なのは、双方の思いを伝え合うという点です。

上司だけが、「君にはこんな部下になって欲しい」「こんな仕事をして欲しい」と伝えるだけでは不十分です。

「私は部下たちのことを第一に考える上司になるぞ！」と心に誓っていたとしても、それが本当に部下たちが求める上司かどうかはわからないのです。上司が勝手に思い込んでいる「部下が求める上司」になっても仕方がないのです。

イヤなことであればあるほど伝えづらいし、タイミングや場所、その人の関係の深さなどを考えないと、正しいことであっても相手を受け入れがたいものがあります。

口に出さず、「なぜわかってくれないのか」と思うとイライラします。

たとえば、毎晩帰宅するなり、ぶすっと黙っている夫に対し、妻がしだいに気分を害したとしましょう。彼女の不満はしだいに募っていきますが、何も言わずに夕食の準備をします。そして、彼女の不機嫌は続きます。妻は「私だって家事や育児で忙しくて疲れている。そのことをわかって欲しい」

と思うのですが、彼女は夫に察してほしいと思っているため、口にはできません。

しかし、自分の感情を素直に表現しないで、理解してもらおうというのはたいへんむずかしいのです。

また、「こう言ったら相手が傷ついてしまうのではないか」「こう言ったら相手はイヤな思いをするんじゃないか」など、そういうことに責任を感じたために、言うべきことが言えなくなることがあります。

ですが、本当に相手のことを思っている場合は、あえて無責任に愛情をこめて語る必要性があります。「相手がこう思ってしまうんじゃないか」と心配しなくても、相手を思う気持ちがあれば、伝わるものです。

習慣25 『疲れた』『時間がない』『忙しい』は禁句

自分が感情コントロールできているかどうかを確認するためには、基準を設けるといいでしょう。たとえば、言葉遣いです。

私の場合、「三大禁句」があります。それは、「疲れた」「時間がない」「忙しい」です。この三つを平気で口にするようになったら、感情コントロールができていない信号です。

このように感情コントロールができているか、できていないかのチェックポイントを自分で設けるとよいでしょう。

もし、そう思ってしまったときは、自分自身への問いかけを変化させるとよいでしょう。たとえば忙しくてしようがないときは、きっと心のなかで「忙しい、忙しい」と呟いていることでしょう。

そういうときに「もしかして忙しくないのでは」と問いかけてみるのです。こう問いかけることによって、ものごとを多角的に見ることができますし、固定観念を捨てられるようになります。

それで、忙しくないのでは、と問いかけたら、どうして忙しくないか理由を考えてみます。たとえば、

「同僚も同じ仕事をこなしているじゃないか」

などと答えがでてきます。

これだけで心がふわりと軽くなります。

第6章

今すぐ怒り・イライラが消える11の特効薬

特効薬1　神様が自分を試しているに違いない

生きていると、イヤなことが起きるものです。そうしたイヤなことが、あなたを怒りへと向けていきます。

何かイヤなことがあったとき、私はこんな言葉を自分に投げかけています。

それは、

「これは神様が自分を試しているに違いない」

ということです。

私は、弱い人間です。だからこそ強く生きたいといつも思っています。だから、何かイヤなことがあって怒りの感情が湧き上がってきたり、逃げたくなったときには、「これは絶対に神様が自分のことを試しているんだ」と思って、「何くそ」と乗り越えるようにしています。

私には小さな子どもがいます。親バカでしょうが、かわいくて仕方がありません。しかし、子育てをしていると、ときにイライラすることがあります。でも、そのイライラを感情のままに表現してしまうのはよくありません。

ある知り合いが、子どもが言うことを聞かないときに、

「ほんとにウザイ。死んでほしい」

と言うのを目の当たりにしました。私はびっくりしました。

子育てをしていると、思うようにならないことが多く、イライラするのもわかります。でも、これによって、どれだけ子どもに悪い影響をおよぼすでしょうか。どれだけ傷つけてしまっているでしょうか。そんなことをしていたら子どもがかわいそうです。

たとえ子どもでも、教えることはわかります。子どもは大人の一〇〇〇倍のスピード

で情報を吸収していると言われています。それゆえに子どもは神秘と奇跡に満ち溢れています。子育てでイライラしたときにも、「これはもっと人間力を高めるために神様が与えた修行なんだ」と思ってみてはいかがでしょう。

ぜひ、親にとっての子どものベストではなく、子どもにとって何がベストかを考えてあげてください。

特効薬2 これはちょうどいい

意に添わないことが起きたとします。

そんなときの対処法として私がよく使うのが、「これはちょうどいいや」と口に出して言ってみることです。

これは事実をポジティブに捉え直す魔法の言葉です。

たとえば、私が「水を買ってきて」と頼んだとします。頼まれた人が間違ってウーロン茶を買ってきました。

そのとき、心に余裕がないと、

「何を聞いていたんだ。オレは水って言ったじゃないか」

と、怒ってしまうかもしれません。

でもそんなときはすかさず、

「ああ、これはちょうどいい」

と口に出して言うんです。すると、脳は自然に「ちょうどいい」理由を考えはじめます。

「ああ、これはちょうどいい。ウーロン茶には脂肪を分解する働きがあるって聞いたことがあるよ。お昼に肉料理を食べたからちょうどいいや」

という感じです。

これを言った瞬間に、別の価値観メガネをかけることができます。

こんなことがありました。私は企業研修の際、パワーポイントを使います。だから研修先にはプロジェクターを用意してもらっています。

ところがある企業に行ってみると、プロジェクターがありません。電話で確認しておいたのに、

「すいません。うちにはプロジェクターがないんです」

と、あっさり言うではありませんか。私は、

「マジで？　プロジェクターがなかったら研修できないじゃないか」

と、一瞬思いました。でも、すぐに、

「そうですか。それはちょうどいい」

と口に出して言ってみました。すると、

「パワーポイントなしでどこまでできるか試す、いいチャンスだぞ。話だけでどれだけ受講者を説得できるか、チャレンジしてみよう」

と考え直すことができました。

「研修にはパワーポイントが必要だ」という思い込みは、私の価値観メガネによるものでした。その思い込みを捨て、「研修は話だけでもできる」という別の価値観メガネをかけてみたのです。

特効薬3　むかつく相手との出会いに感謝！

相手にむかついたり、いらついたり、そうした怒りを覚えたときは、その人が自分によくしてくれたことを思い出したり、何よりも、出会いという奇跡に感謝することです。

出会いとは奇跡です。**みなさんは約六三億人いると言われる全世界の人と一人一秒ずつ会ったとして、全員と会うまでに何年かかるか知っていますか？　じつは約二〇〇年もかかります。日本人だけに限っても約四年かかります。**一人一秒のコミュニケーションなどはありえないわけですから、毎日いろいろな人との何気ない出会いすべてが、じつは奇跡に近いものなのです。

だから、どんなにひどい人でも、その人と出会えたこと自体が奇跡だと思って、出会いに感謝します。

どんなにイヤな人でも同じです。出会いに感謝し、「自分はこんなイヤな人にならないようにしよう」と反面教師にします。

人と話をしていて怒りを覚えたとき、その怒りをそのまま表現したり、ぶつけたり、増幅させたりしないで、その人と出会えたことに感謝して、「反面教師になってくれてありがとう」と思っています。

特効薬4　価値観メガネを変えてみる

人によって事実の捉え方が違うのはなぜでしょうか？

たとえば、野球で巨人が勝ったという事実を、うれしいと思う人もいるし、うれしくないという人もいます。たとえば、選挙で自民党が勝ったという事実を、喜ぶ人もいるし、残念に思う人もいます。

人は誰しも事実を「価値観」という独自のメガネを通して見ているのです。

人がイライラする原因の多くは、自分の価値観メガネを通して見るからです。

きれい好きな人は、きれい好きでない人を見るとイライラしますし、せっかちな人は、おっとりした人にイライラします。それは価値観メガネの差であって、どちらがいいとか悪いとかの問題ではありません。

そのときに別の価値観メガネをかけてみます。事実の見方を変える、物事の捉え方を変えるのです。何かが起こった時、そのことに対してどのように考えるか、どのように対処するかというのはとても重要です。思いがけないハプニングでも、捉え方一つで、とてつもないダメージを受けることもあります。

プロボクサーが「この試合に負けたら引退します」と言うことがあります。結果、負けてしまい引退したのですが、数ヶ月たったら突然「またやります」と言い出すことがあります。

これは価値観メガネを変えたからです。

最初は、「この試合で負けたら引退する」というメガネをかけていた。ところが実際に引退して何ヶ月かたつうちに、「こんなので辞めていいのか」「やっぱりいま辞めるわけにはいかない」というメガネをかけ直し、引退を撤回しているのです。

一度口にしたことを撤回するのはとても勇気のいることですが、価値観メガネを変えるのは恥ずかしいことではありません。

テレビで引退宣言したのに、「やっぱりやめた」と引退撤回しても受け入れられるじゃありませんか。日常生活の中で、「そんなの格好悪い」「みっともない」なんて思う必要はありませんよ。価値観メガネはどんどんかけ直したほうがいいのです。

価値観メガネは多ければ多いほどよいでしょう。

増やすには、幅広い教養を持つことです。

私は、学がなかったので一生懸命勉強しました。勉強して教養豊かになり、心の幅を広げていくと、物事に対する解釈の幅が出てきて、怒らなくなります。

私は就職するまでほとんど本を読んだことがありませんでした。マンガ本すら読んだことがなかったのです。活字嫌いで、教科書以外で読んだ本はなかったと思います。おそらくゼロ冊でしょう。

でも、こんな疑問を持っていました。

中学、高校、大学を通して、なぜか本をたくさん読んでいる友だちは、頭が良かった。いったいなぜなんだ、きっとそこには何かがあるに違いない、とずっと不思議に思っていました。それでも自分自身はずっと読む気になれなかったのですが、就職したのをきっかけに、やっぱり本の一冊や二冊読まなくてはと思ったのです。

でも、いきなり難しい本を読むと絶対にイヤになると思ったので、最初はマンガからと『ヤングジャンプ』を買いました。これが結構面白かったので、発売日の毎週木曜日には、自宅最寄り駅で『ヤングジャンプ』を買い、通勤電車で読んで、渋谷駅のゴミ箱に捨てて会社に行くというのが習慣になりました。

マンガを読んだら次は小説だと思いました。読みやすい小説から読もうと最初はそのとき流行っていた赤川次郎、次に松本清張、そしてビジネス書を読むようになりました。今では本を読むのが大好きになりました。

マンガ本から小説、ビジネス書と移行していったのが良かったと思います。いきなり難しいことをやっても長続きしないので、「できることから」段階を踏んでやっていきました。

そのほか、映画を見るのもいいと思います。感動的な映画を見ると、さまざまな人間の心を理解し、心が育っていきます。

また、私は身近なことに対して疑問を持つようにしています。たとえばミネラルウォーターが目の前にあったら、そのまま飲むのではなくて、この水の採水地はどこだろうと疑問を持ちます。ミネラルウォーターにはいろいろ種類があります。この水はミネラルが多い、硬水か軟水か、値段がいくらだなどと考えると、ペットボトルの水一本でもいろいろな考える要素があります。

特効薬5 その場から逃げる

私の心の中には、すごくイヤな自分が住んでいます。

そのドロドロとした黒い塊《かたまり》が何なのかは自分でもよくわからないのですが、たまに顔をのぞかせる。人間は感情の動物なので、日頃、感情をコントロールするトレーニングをしていても、気に障ることを言われたり、やられたりすると、本能的にイヤな部分が出てしまいそうになります。

たとえば、人のことをひがんだり、ねたんだり、イヤミを言いそうになってしまう。ときには怒り出しそうになったりもする。自分が言われたり、やられたりしたらイヤなことを、ふと何かの拍子にやってしまいそうなイヤな自分がいるんです。

そういうイヤな自分が表に出そうになったら、私はその場所からいったん逃げることにしています。

たとえば、「ちょっと待ってもらえますか」「書類をとってきていいですか」「トイレに行かせてください」などと言って、席をはずします。このままその場にいたら、イヤな自分を出してしまいそうなモヤモヤした感触を心の奥に感じたら、何かの理由をつけてその場から体を動かします。

そして、オフィスにいるならその辺を歩いたり、別のフロアを歩いたり、近くに出口があるなら外へ出て深呼吸したりして、心を落ち着けます。体と感情は一つのセットになっているらしく、体を動かすことで、感情を変えることができます。じっと座っているときに、心の奥底から首をもちあげてきたイヤな自分を、体を動かすことで、再び鎮《しず》めることができます。

少し落ち着いたら別の価値観メガネをかけて、イヤな自分を完全に自分の奥底に封印し、平常の自分として話せるようになって、もとの場所に戻ります。

特効薬6　第一感情を大切に

父親が遅い時間に帰ってきた娘に、「今何時だと思っているんだ。いい加減にしろ！」と怒鳴りました。娘はふてくされて自室に入ってしまいました。二人の関係は悪くなるばかりです。ですが、最初の父親の怒りは本当の怒りでしょうか？

感情表現を繙《ひもと》くと、第一感情というメインの感情と、第二感情というサブの感情があるのです。

この例で見ると、父親の「怒り」は第二感情です。

では、第一感情は何でしょうか？　それは「心配」です。

「おまえが帰ってくるのが遅くなったから、何かあったんじゃないかと思って、すごく心配したよ」

これが本当は第一感情なわけです。

感情をコントロールする上で大切なことは、第一感情に気づくことです。この場合、父親は自分の中のイライラを客観的に眺めて、このイライラは、娘を心配する気持ちから生まれているのだと気づくことが大切です。

そうしたら、娘が帰宅したときの対応も変わってくるでしょう。たとえば、

「心配したぞ。どうしたんだ？」

「遅くなるときは、みんなが心配するから、電話でもメールでもいいから、ちょっと連絡しなさい」

と言えるでしょう。

私自身が第二感情をコントロールした話をしましょう。

まだ妻と付き合っている頃、デートの約束をしたとき、彼女が大遅刻しました。

私はものすごく短気なので、すごくイライラしていました。彼女の家に電話をしてみましたが留守でした。当時はまだ携帯電話が一般的ではなかったので、連絡の取りようもありません。

私は、「待つしかない」と思い、ずっと待っていました。

待ち合わせ時間から遅れること二時間。ようやく彼女が来たのです。

待っているときには、「頭に来たから帰っちゃおう」とか、「来たら怒鳴り散らしてやろう」という気持ちも正直頭に浮かびました。

でも、「ちょっと待てよ」と思いました。

「遅れて悪いと思っているのは彼女だろう。それに自分だって本当は彼女に会いたいと思っている。今怒っている気持ちは本物ではない」

それで彼女に会ったときに、怒りをおさえ、こう言いました。

「今日はもう会えないと思ったよ。無事会えて本当によかった。無事に会えたこと、この事実が大切だよね」

会えたことは正直うれしかったし、一緒にデートできることもうれしかった。その気持ちを素直に表現したのです。

すると妻はとても感激してくれました。これはその後の私たちを大きく左右することになる出来事だったと思います。もしイライラという第二感情にとらわれ、会いたいという第一感情を見失っていたら、彼女の顔を見たとたん、怒鳴りつけてしまったかもしれません。そうしたら私たちは結婚していなかったかもしれません(笑)。

特効薬7　不愉快はこまめに吐き出せ

自分が非常に不愉快な思いをしたり、頭に来ることとかイライラすることがあったときは、こまめに吐き出すことです。

ためるとよくない。イライラがつのり、いつしか大爆発につながります。

私たちの心はある限界を過ぎると修復がむずかしいほどゆがんだり、悪感情に凝り固まったりしてしまいます。

ただし、誰かれかまわず吐き出すと、単なるグチっぽい人になってしまいます。吐き出す場所、相手は選ぶべきでしょう。

たとえば、自分のブログに書く、日記に書くという方法があります。文字にしてみると自分の心の動きがわかります。気持ちが整理できて、それだけでイライラが解消することもあります。そうでなくても、今後どうすべきかがわかることもあります。

親しい友人に打ち明けるという方法もあります。話を聞いてもらうだけで、とてもすっきりします。

人は言葉にして思いを吐き出すことで、心を軽くすることができます。自分の中だけで処理しようとすると、鬱々《うつうつ》とした思いだけがたまってしまいます。

だから何でも話せる相手をぜひ持ちたい。

私には「アニキ」と慕っている人がいます。

その人はサラリーマン時代の先輩であり経営者仲間なのですが、遊びの話、スケベな話からとてもまじめな仕事の話まで、オールマイティーにできる人です。だから、何かあったときは、その人と一緒にお酒を飲んで、話を聞いてもらっています。すると多少の愚痴も含めて、いろいろ吐き出させてくれます。私にとって、すごくありがたい存在です。

そういう人が一人でもいると、自分で感情コントロールできなくなったときに、とても助かります。イヤなことがあったり、愚痴りたいことがあるとき、それを何の遠慮もなしに話せる人がいるというのは重要です。

ただし誰でもいいというわけではありません。会社の同僚のように自分と社会的な関係がある人では、それが元で別の軋轢《あつれき》が生まれ、ますます心を苦しませる結果になりかねません。仕事とはまったく無縁で、心を許せる友人、夫あるいは妻でもいいのです。

特効薬8　すぐに謝ろう

失敗や間違いは誰にでもあります。そういうときはすぐに謝ってしまいましょう。失敗してないふり、間違っていないふりをしても、自分の心は正直です。間違ったことをちゃんとわかっています。

それがイライラやストレスにつながっていきます。

ですから、自分が間違っていると思ったら、地位が上でも、相手が年下でも、素直に謝ることです。間違いを犯したら謝る。失敗をしたら謝る。人に迷惑をかけたら謝る。こんなこと小学生でも知っている、じつに当たり前のことでしょう。でも、大の大人になると、この当たり前のことがなかなかできなくなるものです。年齢、キャリア、立場などによって構築された意地やプライドが邪魔をして、素直にあやまることができないのです。

実際にあった話です。私は遅刻や欠勤にうるさいタイプで、私自身も一度も遅刻をしたことがありませんでした。ところが、ある日一度だけ遅刻をしてしまったのです。普段「遅刻はするな！」と言っている張本人が遅刻ですから、体面もプライドもあったものではありません。

私は、事務所に飛び込むなり「すみませんでした」と大きな声で謝まって、土下座したということがありました。

その日の夜はたまたま飲み会があったので、私は全員に酒を注いで回って、「すみませんでした」「申し訳ありませんでした」とややギャグっぽく謝り倒しました。

人それぞれキャラクターに合った謝罪の仕方はあるでしょうが、間違い、失敗をしてしまったら、カッコつけることなく素直に謝ることは大切です。

これは親子の関係でも同じです。過失を犯したときには、子どもにもきちんと「ごめんね」と言うべきです。

特効薬9　『まあいっか』の精神も大切

コントロールできないことにイライラしてもしょうがない。そういうときは、「まあいっか」と思うことが意外と大切です。

「まあいっか」というと妥協のように思われます。ですが私にとっての「まあいっか」は見極めです。私は「あきらめ」はよくないけれど、「見極め」はいいと考えています。

見極めとは「捨てる」ことです。

人間はなかなか捨てることができません。ですが、たくさんいろいろなものを抱えていると、考えることも増えますし、うまくいかないことも重なるので、ストレスやイライラが少しずつ増えていきます。

だから、勇気を持って捨てることです。

そのとき、「まあいっか」と思ってみます。「まあいっか」と思っても、大切なことであれば、その後、ちゃんと考えます。一方、「まあいっか」と思って、捨てられそうなものは、自分にとってそれほど大切なものではないので、そのまま捨ててしまっていいのです。

どんどん捨てたり、やめたりすることによって、本当に大切なものだけが残るのです。

特効薬10 事態は変わる。だから、ちょっと我慢

私はサラリーマン生活を六年やっていました。

二年半くらい勤めたころ、本当に「もうイヤだ。辞めよう」と思ったことが、一回だけありました。理由は単純で、そのときの上司がイヤだったのです。上司のやり方、考え方についていけず、これ以上は無理だと思い、本気で退職を決意しました。

車を飛ばして実家まで帰り、父親にこう言いました。

「実は、会社を辞めようと思っている。上司のやり方、考え方にこれ以上はついて行けない。実は次の仕事先ももう紹介されていて、その会社は、かなりの実績を収めていて、自分自身を活かせると思う」

すると父親は、「馬鹿者」と言いました。

「おまえは何を言っている。一つのことを三年間、歯を食いしばって頑張れない人間が、ほかの会社に行って、頑張れるわけがない」

さらに続けて、

「上司がイヤだ、嫌いだと言っても、その上司が一生おまえの上司なのか。会社というのは転勤もあれば異動もある。上司は替わるんだぞ。だから、そんなつまらんことで辞めたらもったいないじゃないか」

私は基本的に甘ったれなので、自分の考えに賛同してほしくて、父親に相談に行ったのです。ところが逆に、「石の上にも三年という言葉を知っているか」と説教されました。だから本当は一泊して帰ってこようと思ったのですが、その日は日帰りしました。

結局、もやもやしながら、そのまま辞めずに半年経ちました。そうしたら半年後にその上司が異動になり、私がその部署のトップになりました。

私だったらこうする、私だったらこうやろうと思っていたことが、実現できる立場になったのです。「辞めなくてよかった」とそのとき思いました。

むかついたり、イライラしたりすることは、生きていると必ずあります。

でも、その状況は、長くは続かないこともあるのです。

ほんの少し我慢したり、ちょっと考え直すことによって、物事が急転することもあります。まして今のような目まぐるしく変わる世の中ならなおさらでしょう。

特効薬11 それでも怒りが収まらないときは寝る

イライラが収まらないこともあるでしょう。

そういうときは、多少は酒を飲んでもいいので、とにかく寝ることが大事です。

朝起きると、「しょうがないか」と思えることも意外と多いのです。時間が解決してくれることも結構あります。イヤなことがあっても、放っておくことによって、時間が自然と解決してくれることがあります。

もう一つ、寝ることには大切な意味があります。

じつはイライラや怒りの原因が、「疲れ」の場合があるのです。自分が疲れているとイライラしたり、怒ったりします。これは脳が疲れてしまっていて、相手に対して思いやりが持てなくなっていたり、細かい作業をするのがイヤになってしまっているのです。

一晩ぐっすり寝て脳がリフレッシュすると、「何でそんなことでイライラしていたのか」と思うこともきっとあるはずです。

ですから、イライラしてきたら、自分の脳の疲れを疑ってみる必要があります。そういうときは、早めに仕事を切り上げて、十分に睡眠をとりましょう。

あとがき

私は学生時代、教師を目指そうと思ったことがありました。『ゆうひが丘の総理大臣』という学園ドラマを見て、教えることを仕事にしたいと思っていました。

独立開業した会社が上場する三年位前から、「時期が来たら辞めさせてほしい」と他の役員に打診していました。上場したときにようやく仲間たちから了承が得られ、いまは念願だった教育事業を行なっています。

私は「上司学」というものをはじめました。

「上司学」ではまず、上司自身が魅力的になることを目指します。部下は上司を見て育ちます。部下を変えたいと思ったら、まずは上司自身が「上司とはどうあるべきか」「モノの見方、考え方」を学び、実践しなければなりません。

次は、部下との一対一のコミュニケーションです。上司自身がどんなに素晴らしい考え方を身につけたとしても、心を開き合える関係でなければ、上司の言葉は部下には届かないでしょう。そのために、コミュニケーションのスキル、テクニックを学び、部下との関係強化を図ります。

魅力ある上司となり、部下と最高の人間関係が築けたならば、最後の仕上げは組織づくりです。自分が統括する組織全体を強化し、生産性の高い集団につくりあげていきます。「上司学」は社会も活性化させるものです。「上司学」を学んだ魅力ある上司が、部下との有効な関係を築き、組織を強化します。そして、その中で何人かの優秀な部下を育成します。やがてその部下は魅力ある上司になり、部下との有効な関係を築き、組織を強化して、新たな部下を育成していきます。

このプラスの連鎖サイクルによって、優秀な人材がねずみ算式に増え、その人材が次々と社会へと輩出されていくのです。

私の会社の理念でもあり人生の理念は、「我々は、人と企業に上質な文化形成をすることにより成長へ寄与し、豊かな社会と明るい未来づくりに貢献いたします」というものです。

では、これからの「豊かな社会と明るい未来づくり」を担うのは誰でしょう。

それは若者であり、我々の子どもたちです。

それには子どもたちや若者にとって見本となるような大人、憧れるような輝く大人がたくさん必要です。

たとえば、毎日疲れた顔をし、眠そうな顔をして、ため息をついている大人を見たら子どもたちはどう思うでしょうか。土曜日、日曜日には、家でゴロゴロし、子どもが「遊んでよ」と言ったら、「疲れているから勘弁してくれ」。

たまにディズニーランドに子どもと一緒に行ったときも、母親と子どもは元気に遊んでいるのに、父親はベンチで昼寝。

そうした大人たちを見たときに、本当に子どもがこの人たちみたいになりたい、こんなふうになりたいと思えるでしょうか。答えはノーです。

ビジネスパーソンもひとたび家に帰れば、父であるという方、母であるという方も多いでしょう。

父親、母親が魅力的で「こんなに働くって素晴らしいことなんだぞ!」「こんなに大人って楽しいんだぞ!」ともっと将来に希望あふれる魅力的な話をすることができれば、子どもたちは憧れを抱き、早く大人になりたいと思うようになります。輝く大人を身近に見ていれば、それだけ将来に希望を持つことでしょう。魅力的な大人たちが増えることが、これからの世の中をよくしていくことです。

「上司学」に関する詳細は、日経BP社から発売しているDVDとCDのセットになったプログラム『上司学〜最強の部下を育成し、最強の組織を作る』をご覧いただくか、ぜひ私の著書『だから、部下がついてこない！』（日本実業出版）と『あたりまえだけどなかなかできない　上司のルール』（明日香出版）を読んでいただければと思いますが、本著は、そのための感情コントロールの方法をまとめてきました。

世の中でもっともシンプルな成功法則は「命と時間」を大切にすることです。不機嫌、イライラ、怒りといったマイナス感情が、わたしたちの人生をどれだけつまらないものにしているかおわかりになったと思います。

自分の感情を自分でコントロールできれば、人生は変わるのです。

本書では、たくさんの価値観、物事の捉え方、考え方、ノウハウなどを紹介しました。

それらはすべて、明日から活用できるものばかりです。

この本を一人でも多くの人に読んでいただくことにより、子どもが憧れる人たちであふれた「本当に生まれてきてよかった」と思える、自由で豊かな社会作りに貢献していけたらと思っています。

私の目下の課題は「父ちゃんかっこいい！」と子供に言われる存在になることです。

皆さんは自分の子どもから「父ちゃんかっこいい！」「母ちゃんかっこいい！」と言われるような生き方をしようと意識したことありますか？

ぜひ、意識をして、元気で輝く、あこがれられるような素晴らしい大人になってください。

嶋津良智

本作品は２００７年に刊行された『雨がふってもよろこぼう！』（弊社刊）を改題・再編集いたしました。

〈著者プロフィール〉

嶋津良智（しまづ　よしのり）

大学卒業後、IT 系ベンチャー企業に入社。
同期100 名の中でトップセールスマンとして活躍、その功績が認められ24 歳の若さで最年少営業部長に抜擢。
就任3 ヶ月で担当部門の成績が全国ナンバー1 になる。
その後28 歳で独立・起業し代表取締役に就任。

翌年、縁あって知り合った2 人の経営者と情報通信機器販売の新会社を設立。その3 年後、出資会社3 社を吸収合併、実質5 年で52 億の会社まで育て、2004 年5 月株式上場（IPO）を果たす。

2005 年、企業不祥事が相次ぐ中、日本のリーダーの在り方に警鐘を鳴らし、「リーダーの存在意義とは何か？」「リーダーが果たすべき本当の役割とは何か？」「リーダーは人、企業、社会に何をもって貢献するのか？」など、独自のリーダー教育を提唱し、次世代を担うリーダーを育成することを目的とした教育機関、株式会社リーダーズアカデミーを設立。

現在シンガポールへ拠点を移し、業績向上に寄与する独自プログラム「上司学」が好評を博し、講演・企業研修・コンサルティングを行う。また、２回の株式上場体験を生かし、顧問・社外役員として経営に参画し、各企業の経営陣へアドバイスをおこなう。

独自で発行しているメールマガジン「リーダーズアカデミーレッスン」では、２回の上場体験から学んだ他では得られない貴重な情報を無料公開中。

また、ベストセラー著者兼ベンチャー経営者仲間の5 人とボランティア組織『JBN（Japanese Business Network)』を発足し、世界各地で活躍する日本人起業家・ビジネスパーソンを応援するために、世界各国でビジネスセミナーを開催している。

主な著書

『女性部下をうまく動かす上司力』（日本能率協会マネジメントセンター）『上司に使われるな！上司を使え！』（PHP 研究所）
『仕事の筋トレ』（大和書房）『だから、会社が儲からない!』（日本実業出版）
『雨がふってもよろこぼう！』（フォレスト出版）『あたりまえだけどなかなかできない　上司のルール』（明日香出版）
『だから、部下がついてこない！』（日本実業出版）などがある。

＜公式ブログ＞
「リーダーズアカデミー学長日記　ｉｎ シンガポール」
http://blog.livedoor.jp/y_shimazu/

＜ホームページ＞
http://www.leaders.ac

編集協力：橋本淳司
本文デザイン／DTP：白石知美（株式会社システムタンク）

怒らない技術

2010年7月17日　初版発行
2010年11月7日　23刷発行

著　者　嶋津良智
発行者　太田　宏
発行所　フォレスト出版株式会社
〒162-0824 東京都新宿区揚場町2－18　白宝ビル5F
電話　03-5229-5750（営業）
03-5229-5757（編集）
URL　http://www.forestpub.co.jp

印刷・製本　日経印刷（株）

ISBN978-4-89451-818-6　Printed in Japan

フォレスト2545新書

001

「損する生き方」のススメ

ひろさちや／石井裕之

「いまの世の中、みんなが心をすり減らしてしまっているのはなぜだろうか？」「あえて損をする生き方をすれば、人生はもっと楽になる」という、今までにない人生論をまとめた一冊！

002

脳と心の洗い方

苫米地英人

「なぜ、頭でわかっていても、心と体がついてこないのか？」をテーマに新しい自己実現・目標達成方法を紹介。新技術「プライミング」によって、イメージ通りに自分が変わる！まわりが変わる！

003

大好きなことをしてお金持ちになる

本田健

あなたは自分の大好きなことをやって生きていますか？「自分の大好きなこと」をどのように「お金」にしていくのか分かりますか？　幸せに豊かに生きるヒントを掴んで、才能をお金に変えてください。

004

あなたの会社が90日で儲かる！

神田昌典

全米トップMBA出身の実践マーケッターが語る、MBAを超えた本当に役立つ儲けのテクニック。「感情マーケティング」という従来にはない実践テクニックにより、マーケティングの常識を破った一冊！

フォレスト2545新書

005

2020年の教科書

菅下 清廣

「1のものを100にする」レバレッジ経済から「0から1をつくり出す人の時代」へ価値観が大きく動き出した。時代の最先端をいく7人との対談から、「これからの時代を生き残る考え方」を探る。

006

会社にお金が残らない本当の理由

岡本吏郎

「93・7%の会社は10年以内に潰れる!」という衝撃的な数字をご存知だろうか?生き残る会社の秘密とは?「7つのシステム」を理解すれば、ビジネスはうまくいき、「4つの数字」を理解すれば、お金が残る!

007

なぜ、あの人は焼き肉やビールを飲み食いしても太らないのか?

饗庭秀直

現代人は、脂肪が燃えない体「エコカラダ」になっていたということを知っていますか?テレビ・雑誌で話題コンビニ袋キックエクササイズなど、すぐにできる肉体改造法を初公開!

008

富を手にする「ただひとつ」の法則

ウォレス D・ワトルズ著
宇治田 郁江訳

1910年初版から、100年間読み継がれる「幻の名著」!世界的ベストセラー『ザ・シークレット』の原点。『ユダヤ人大富豪の教え』など、累計300万部を超える「お金の専門家」本田健の解説付き!

フォレスト2545新書

009

借金社長のための会計講座

小堺桂悦郎

「世の中はキタナイ決算書だらけだ！」大ベストセラー『なぜ、社長のベンツは4ドアなのか？』の著者が中小企業の借金をしている社長だけに向けた、待望の超リアルな会計実況講座！

010

リーダーが忘れてはならない3つの人間心理

小阪裕司

4000社を超える企業の経営指導を行ってきた著者が、部下の心にスイッチを入れる「人間心理の原理」を徹底解説。部下を1人でも持つ人のための話し方&コミュニケーション術！

011

行動科学で人生を変える

石田淳

「意志」や「根性」は一切関係なし！人間の行動原理に基づいた「行動科学マネジメント」の日本の第一人者が教える「継続力」「指導力」を簡単に身につける方法！

012

私に売れないモノはない！

ジョー・ジラード＋スタンリー・H・ブラウン 著
石原　薫 訳

世界№1セールスマンが明かす！「必ず売れる」セールステクニック‼ギネス記録12年連続№1のジョー・ジラードが、今すぐ売れることが求められる人向けの今すぐ使える技術を紹介！モノが売れない不況でこそ求められるのは普遍的テクニックです。